衛季長

監修者——加藤友康／五味文彦／鈴木淳／高埜利彦

［カバー表写真］
時衆の鎌倉入りを阻止する北条時宗
（白装束の馬上の人。『一遍聖絵』部分）

［カバー裏写真］
竹崎季長の陳情を聞く安達泰盛
（左。『蒙古襲来絵詞』模本。部分）

［扉写真］
蒙古軍と戦う竹崎季長
（『蒙古襲来絵詞』部分）

日本史リブレット人 034

北条時宗と安達泰盛

新しい幕府への胎動と抵抗

Fukushima Kaneharu
福島金治

目次

北条時宗と安達泰盛の時代

北条時宗(一二五一〜八四)の時代、評定《ひょうじょう》に基盤をおく公的側面に得宗《とくそう》主催の私的寄合《よりあい》が侵入していった。政策的には、飢饉《ききん》などを乗り切るなかで撫民《ぶみん》政策を展開する一方、零落《れいらく》した御家人《ごけにん》の救済、幕府《ばくふ》の体制に組み込まれていなかった本所《ほんじょ》一円地の住人への対応が迫られていた。内政の転換を求められていたこの時期、モンゴルが襲来した。対外的危機の解決は軍事体制や恩賞《おんしょう》問題など内政の改革に転換した。時宗の死後、安達泰盛(一二三一〜八五)が主導して行った弘安《こうあん》改革はこれらの問題の解決を急進的に行うものだった。

本書では、時宗誕生から泰盛が排除される霜月《しもつき》騒動までの時期を対象に、右の問題について述べていくこととしたい。

①—北条時宗、得宗への歩み

得宗時宗の登場

時宗は一二五一(建長《けんちょう》三)年五月十五日の酉刻《とりのこく》(午後六時ごろ)に生まれた。父は執権時頼《しっけんときより》、母は北条重時《しげとき》の娘、幼名は正寿《しょうじゅ》。産所は、時頼の母松下禅尼《まつしたぜんに》の実家・安達氏の甘縄亭《あまなわてい》だった。時頼にはすでに時輔《ときすけ》がいたが、正妻の子時宗の誕生は一門《いちもん》あげての慶事だった。一方、時宗の妻となる安達義景《よしかげ》の娘は、翌年七月四日の午刻《うまのこく》に生まれた。『吾妻鏡《あずまかがみ》』▲は両者の生誕を時刻まで記し、義景の娘誕生記事には「堀内殿《ほりうちどの》と号す。是《これ》なり」と後代の通称も注記している。『吾妻鏡』が編纂された十四世紀初頭、時宗とその正室の誕生記事は幕府の正史《せいし》編纂に欠かせない事項だった。一二五六(康元《こうげん》元)年に時頼が出家《しゅっけ》すると、時宗は六歳で家督《かとく》を継承し、翌年に元服《げんぷく》した。一二六〇(文応《ぶんおう》元)年に一〇歳で小侍《こざむらい》所《どころ》の別当《べっとう》(長官)、父時頼が死去した翌年の六四(文永《ぶんえい》元)年に連署《れんしょ》▲、六八(同五)年には執権に就任し、八四(弘安《こうあん》七)年四月に没するまでその地位にあった。

時宗は生まれながらの北条家家督の継承者で執権に就いた。順調にみえるが、

▼**『吾妻鏡』**　鎌倉幕府編纂の歴史書。一一八〇(治承《じしょう》四)年の源頼政《よりまさ》挙兵から一二六六(文永三)年の将軍宗尊親王の追放までを日記体で記している。十三世紀後半から十四世紀初頭に編纂された。

▼**連署**　執権を補佐する役職。執権泰時が一二二五(嘉禄元)年に設置した。初代は時房。

先代の執権と比べると異例である。義時《よしとき》は一二〇四（元久《げんきゅう》元）年に時政《ときまさ》夫人牧《まき》氏の陰謀を排除する形で時政を出家に追い込み、執権に就いた。泰時《やすとき》は一二二四（元仁《げんにん》元）年の義時の急死をうけて六波羅探題《ろくはらたんだい》▲の地位のまま鎌倉《かまくら》に帰り執権に就いた。その際、政村《まさむら》を擁立しようとした義時後室伊賀《いが》氏の勢力を排除した。経時《つねとき》は一二四二（仁治《にんじ》三）年に泰時の急死をうけて執権に就いた。時の官位は左《さ》近将監《こんしょうげん》、執権就任後に武蔵守《むさしのかみ》に補任された。準備が整っていたとは思えない。時宗の父時頼は、病弱だった兄経時から一二四六（寛元《かんげん》四）年三月に執権職を譲られた。経時はそれから四〇日ほどして没するが、まもなくして時頼の執権就任に反対する将軍藤原頼経《ふじわらのよりつね》と名越《なごえ》氏一族の反乱が起きた。時頼はこれを鎮圧し、頼経を帰京させて将軍に親近なグループを排除した。さらに、一二四七（宝治《ほうじ》元）年には鎌倉草創期からの有力御家人《ごけにん》三浦《みうら》氏を滅ぼした。

時頼らにとって執権継承にかかわる不安定性の克服は至上命題だったに相違ない。正妻の男子時宗の誕生と時頼の在世中に家督継承を行うことは、得宗家《とくそうけ》の安定に欠かすことのできないものだった。

▼**六波羅探題**　鎌倉幕府が承久の乱を契機に設置した職。朝廷・公家の監視や西国の裁判などをおもな職務とした。

鎌倉幕府と得宗

鎌倉幕府《ばくふ》は、将軍と御家人の主従関係を基礎に執権などの機構を整えて運営された。その支配体制は三期に分けられる。Ⅰ期は将軍頼朝《よりとも》の時期を中心とした将軍独裁政治、Ⅱ期が執権義時・泰時の時期で御家人の合議制を基盤にした執権政治、Ⅲ期は時頼の時期に萌芽がみられ時宗段階で濃厚になる北条氏嫡流の得宗専制の段階である。

幕府の支配機構をみよう。Ⅰ期に公文所《くもんじょ》・侍所《さむらいどころ》・問注所《もんちゅうじょ》などが設置され、諸国に守護《しゅご》・地頭《じとう》が補任された。Ⅱ期には、一二二一(承久《じょうきゅう》三)年の承久の乱▲で勝利すると、西国《さいごく》の京方《きょうかた》没収地にあらたに地頭を補任し、朝廷《ちょうてい》との交渉窓口と西国支配を目的に六波羅探題を設置した。執権泰時は、一二二五(嘉禄《かろく》元)年、執権を補佐する連署に時房《ときふさ》をおき、有力御家人から選ばれた評定衆《ひょうじょうしゅう》を設置して執権主催の会議で決定する幕府運営の姿勢を明確にした。一方、将軍には九《く》条道家《じょうみちいえ》の子頼経を迎えた。泰時は、一二三二(貞永《じょうえい》元)年に武家《ぶけ》社会の先例・慣行を成文化した『御成敗式目《ごせいばいしきもく》』▲を制定し、合議のうえで執権が重要事項を決定する姿勢を明確にし、その姿勢は時頼にも継承された。さらに、時頼は一二四

▼**承久の乱**　一二二一(承久三)年、後鳥羽《ごとば》上皇《じょうこう》が鎌倉幕府を倒そうとして起こした合戦。合戦に勝利した幕府は、後鳥羽上皇らを配流《はいる》し、六波羅探題の設置や没収地への新補《しんぽ》地頭の補任を行って西国支配を強化した。

▼**『御成敗式目』**　一二三二(貞永元)年に北条泰時らによって制定された幕府法典。武家社会の慣習や頼朝の先例などを条文化し、公家法との違いを鮮明にして発令した。

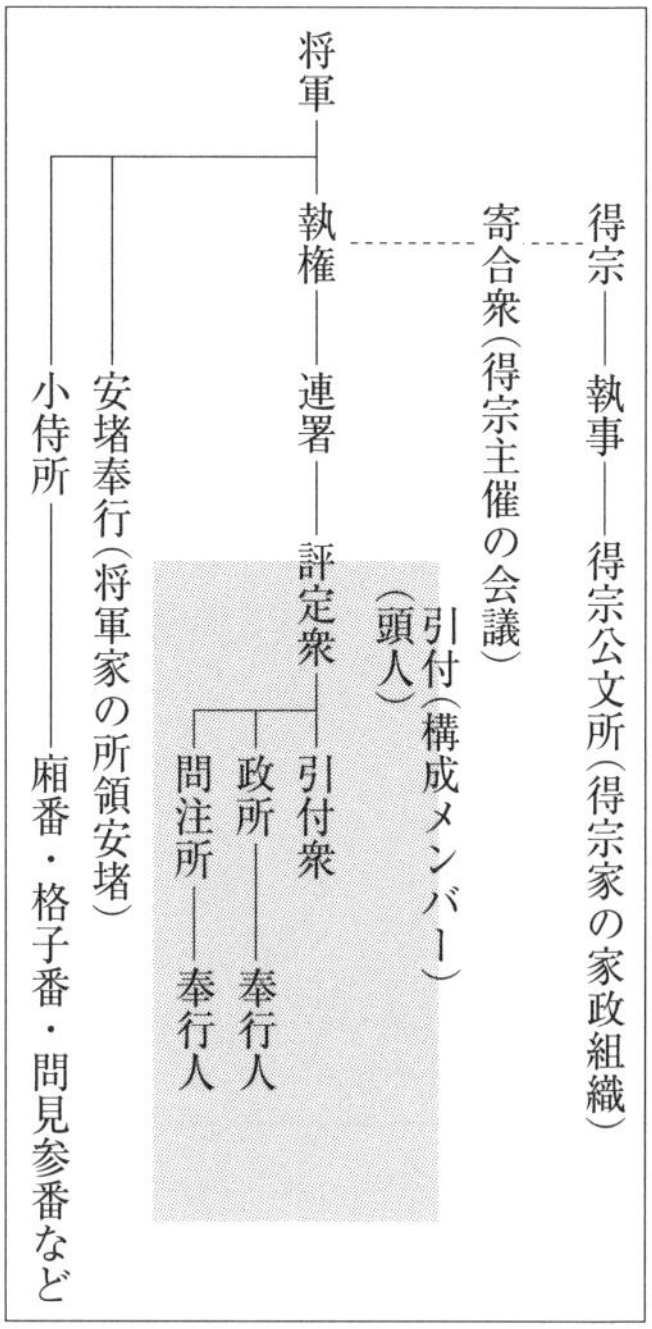

鎌倉幕府の職制

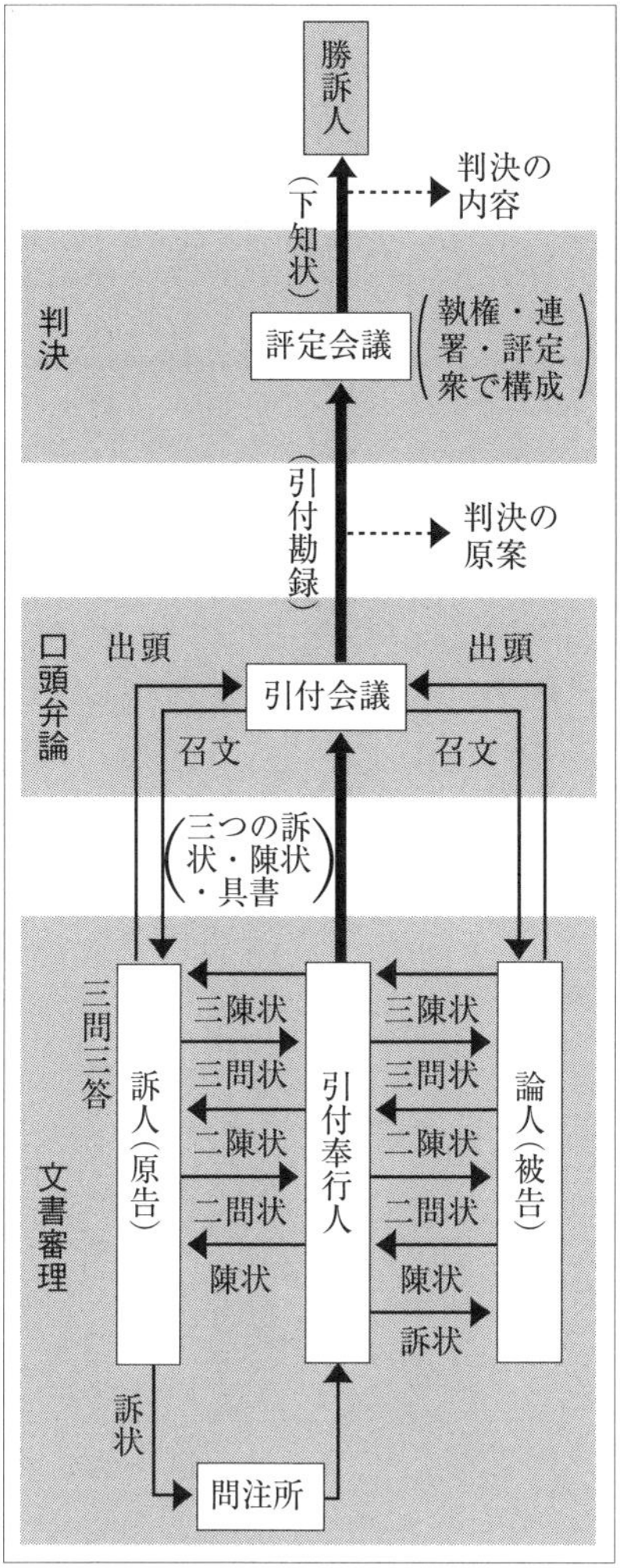

鎌倉幕府の訴訟制度

九(建長《けんちょう》元)年に訴訟の円滑な審理を行うために評定衆の会議である評定のもとに引付《ひきつけ》を設置し、引付衆を任命した。引付は三番で構成され、各番の引付衆は頭人《とうにん》が指揮した。引付で審理された事項は評定で合議し、執権が決裁する仕組みが完成した。評定・引付の二段階で審理し、評定衆の有力者が引付頭人となって引付衆を統括したのである。この仕組みは、ていねいに訴訟審理を行うという姿勢を示すとともに、執権のもとでの御家人の序列化をうながした。やがて、引付は評定衆への御家人の段階的ポストと化していく。

一方、時頼は一二四六(寛元四)年に反時頼派の名越氏らの勢力をそいで将軍頼経を京都に追放し、幕府内での実権を固めた。時頼らはその策を練るなかで、時頼邸で寄合《よりあい》という私的な会議を主催した。参加メンバーは北条氏一門の政村・実時《さねとき》に安達義景・三浦泰村《やすむら》らの寄合衆と得宗家の被官諏訪蓮仏《ひかんすわれんぶつ》・尾藤景氏《びとうかげうじ》らである。将軍の廃立という重要事項が、時頼と親しい北条氏一族と得宗家と血縁の深い安達氏らの会議で決定された。Ⅲ期は、この得宗主催の寄合という私的領域に属する機能が政務決定の場に拡張していった。時宗は、時頼のこうした遺産を引き受けて幕府運営を担っていった。

時宗をつつむ人びと

執権・得宗を継ぐべき人物として生まれ育てられた時宗の立場を考えると、血縁関係と補佐する人物が重要である。次ページ系図は時宗を中心にした北条氏一族の血縁関係を図示したものである。

時宗の俗縁関係をみると、以下の点が指摘できる。(1)時頼の母、時宗の妻が安達氏であること、(2)時頼の妻(時宗の母)は重時▲の娘で、重時・政村▲の子女と実時▲が密接な俗縁関係にあること、(3)名越氏や時房流の佐介《さすけ》・大仏《おさらぎ》氏はこうした縁族関係から遠いことである。時宗を支えた重時・政村・実時と安達泰盛はきわめて近い縁族関係にあった。彼らが幼少期の時宗を支えたのである。

重時は時宗の義父にあたる。時頼は、一二四七(宝治元)年の宝治合戦で三浦氏を滅ぼすと、重時を六波羅探題から鎌倉に呼び戻して連署においた。以後、一二五六(康元元)年三月に出家するまでその地位にあって時頼を支えた。政村は、重時が出家したのち連署に就き、同年十一月に時頼が出家してあらたに重時の子長時《ながとき》が執権に就くと連署としてこれを補佐した。実時は正室が政村の娘で、この年、重時の出家と政村の連署昇進にともなって三番引付頭人となり、

▼**北条重時**　一一九八〜一二六一年。義時の子。宝治合戦後に連署に就任し、娘婿の時頼を補佐した。晩年は極楽寺谷《がやつ》の別邸に隠棲し「北条重時家訓《かくん》」を遺した。別邸から没後に極楽寺が発展した。

▼**北条政村**　一二〇五〜七三年。義時の子。時頼政権下で連署などの要職を経歴し、時頼の没後の一二六四(文永元)年に執権、六八(同五)年に連署に復して時宗を支えた。歌人としても著名。

▼**北条実時**　一二二四〜七六年。父は実泰。武蔵国六浦荘《むつらのしょう》(現、横浜市金沢区《かなざわ》)に称名寺を創建した。晩年、六浦の別邸に隠棲し、居館に金沢文庫《かねさわぶんこ》を創建した。「北条実時家訓」を遺した。

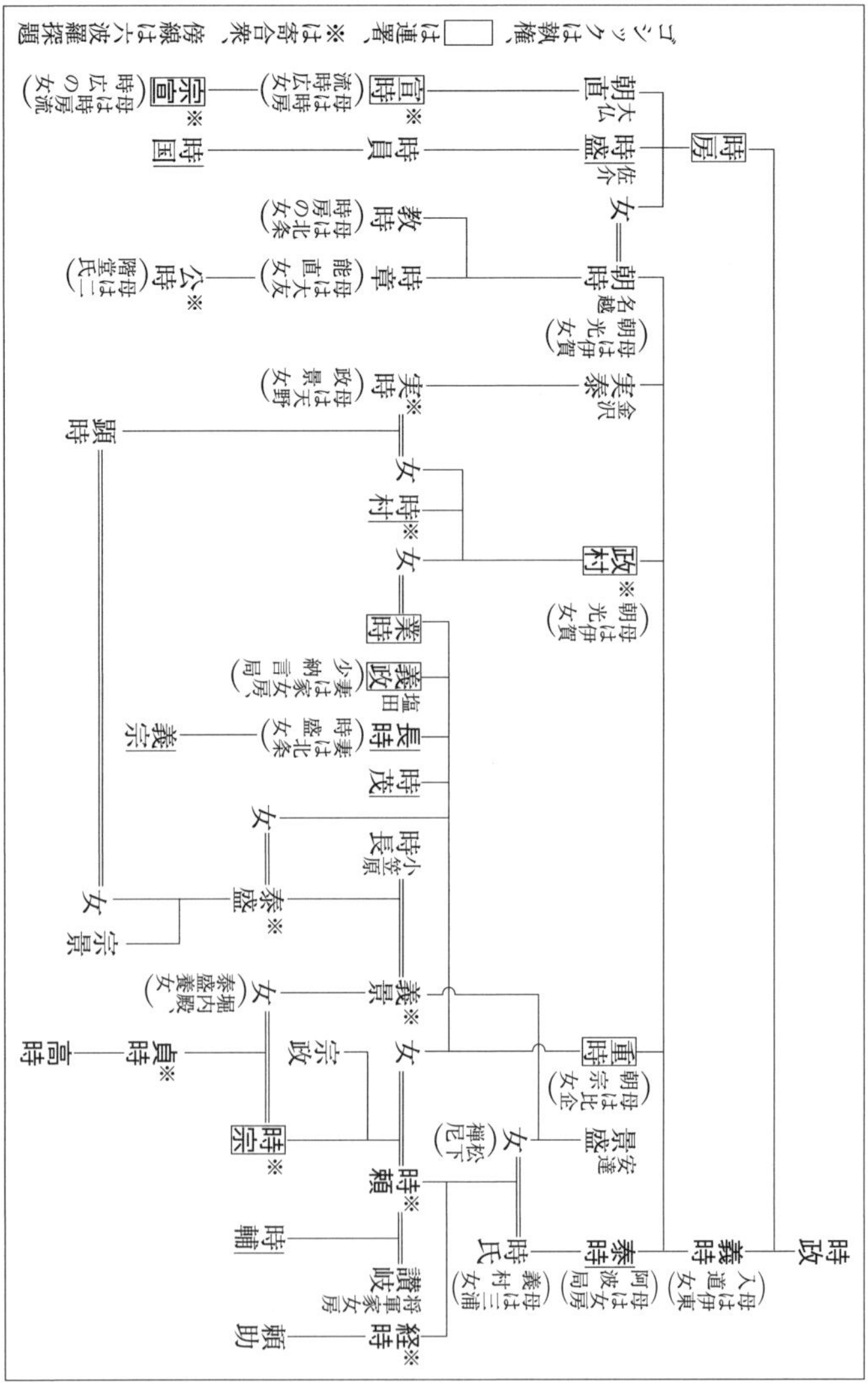

北条氏・安達氏関係略系図

安達泰盛も五番引付頭人に就いた。時に執権長時は二七歳、連署政村は五二歳。実時三三歳、泰盛二六歳。将軍宗尊親王《むねたかしんのう》▲は一二歳、得宗の時宗は六歳。翌年、政村は陸奥守《むつのかみ》から相模守《さがみのかみ》に移り、時頼の受領《ずりょう》を継承した。時頼・重時と緊密な人物が、幕府政治の枢要の地位を固め、時宗の一人立ちを待つ体制をつくりあげた。

時頼と重時は出家したものの実権をにぎっていた。そのことは重時が死去する一二六一（弘長《こうちょう》元）年以前の正月行事の垸飯《おうばん》にあらわれている。垸飯は、正月の三箇日《さんがにち》に将軍と御家人が共食する行事だが、主催者は元旦が時頼、二日が重時、三日が政村と固定していた。時宗が元旦の役をつとめるのは、時頼が没した翌年の一二六四（文永元）年からである。時頼は、御家人の筆頭の地位にあった。また、一二五七（正嘉《しょうか》元）年、源頼朝が父義朝《よしとも》のために建立した勝長寿《しょうちょうじゅ》院《いん》の造営を決定した際、造営担当は時頼・朝直《ともなお》（一番引付頭人）・重時・政村（連署）だった。時頼らは北条氏一門のそれぞれの家を代表していた。

この間、時宗は一二六〇（文応元）年に一〇歳で小侍所別当に就き、六四年までその職にあった。この時期、もう一人の別当は北条実時で、時宗は実時のも

▼**宗尊親王**　一二四二～七四年。後嵯峨《ごさが》天皇の皇子。一二五二（建長四）年に将軍となり、六六（文永三）年に追放された。『柳葉《りゅうよう》和歌集』などがある歌人で、和歌などを通じて御家人に広く影響をあたえた。

とで政務の基礎を学んだと思われる。

鎌倉の成熟と北条氏の信仰

　将軍として九条頼経・頼嗣《よりつぐ》に続いて宗尊親王が下向《げこう》した。宗尊親王の侍読《じどく》だった藤原茂範《しげのり》は、鎌倉には公家《くげ》・陰陽師《おんみょうじ》に顕密僧《けんみつそう》が京都に遜色《そんしょく》なくそろっており、帝王は文武を等しく重視すべきことを示し、鎌倉で仕える身として近所の安房《あわ》に所領を求めた。鎌倉の近隣地域は鎌倉に居住する人びとの世界に組み込まれていた。こうした事情に相応して、鎌倉は都市として成熟していった。一二五一（建長三）年、鎌倉中の小町屋《こまちや》▲の場所が大町《おおまち》・小町・米町《こめまち》・亀谷辻《かめがやつ》・和《わ》賀《が》江・大倉《おおくら》辻・化粧坂《けわいざか》山上に指定され、牛を小路《こうじ》につないではならないこと、小路の掃除をすることが住人に求められた。また、炭・薪《たきぎ》・糠《ぬか》などの価格統制を示し、和賀江津での材木の売買基準も定めた。鎌倉にはさまざまな商人が活動し、牛が運送に使われ、町の掃除は住人の自治に属していた。

　こうしたなか新しい仏教が鎌倉に定着していく。建立された寺院は現在でも鎌倉を訪れる人にとってなじみのものだ。建長寺《けんちょうじ》は時頼が蘭渓道隆《らんけいどうりゅう》▲を宋から

▼**小町屋**　流通・商業にかかわる人びとが営業する家屋がある場。

▼**蘭渓道隆**　一二一三～七八年。中国浙江省明州《せっこうしょうめいしゅう》の天童山《てんどうさん》出身の臨済《りんざい》僧。一二四六（寛元四）年に商船で来日し、五三（建長五）年に北条時頼に招かれて建長寺の開山《かいさん》となった。諡号《しごう》は大覚禅師《だいかくぜんじ》。

▼**浄光**　鎌倉大仏の勧進聖。一二四三（寛元元）年に木造大仏が完成。「新大仏勧進上人《しょうにん》」と自称した。その後、五二（建長四）年に金銅の大仏の鋳造を開始し、鋳物師《いもじ》丹治久友《たんじひさとも》らを動員し完成させた。

▼**叡尊**　一二〇一～九〇年。西大寺で戒律の復興を主張し、古い由緒の寺院を復興。北条氏の庇護を受け、幕府が西大寺流を保護する基盤をつくった。没後、興正《こうしょう》菩薩《ぼさつ》の号を贈られた。

招いて建立した禅宗《ぜんしゅう》寺院。鎌倉大仏《だいぶつ》は幕府の援助をえて勧進聖浄光《かんじんひじりじょうこう》▲が建立した。大仏（阿弥陀如来《あみだにょらい》）は八幡神《はちまんしん》の本地仏《ほんちぶつ》で、浄光は善光寺《ぜんこうじ》信仰をもっていた。極楽寺《ごくらくじ》は重時の別荘、称名寺《しょうみょうじ》は実時の持仏堂《じぶつどう》に由来し、当初は浄土系《じょうどけい》寺院だったが、時頼が西大寺《さいだいじ》から叡尊《えいぞん》▲を鎌倉に招き、極楽寺に忍性《にんしょう》▲、称名寺に審《しん》海《かい》▲が入寺して律宗《りっしゅう》寺院となった。長時建立の浄光明寺《じょうこうみょうじ》も類似する。浄土信仰の受容と禅律の興隆をものがたっている。

禅にみる宋文化の受容、極楽浄土での成仏《じょうぶつ》を願う浄土信仰とともに、戒律《かいりつ》を重視して非人《ひにん》など民衆救済に力をつくした叡尊を受け入れたことは重要だ。叡尊は一二六二（弘長二）年に鎌倉に下向して多くの檀那《だんな》を獲得した。実時・政村・長時らの要人のほかに女性も多い。宗尊親王の乳母一条局《めのといちじょうのつぼね》（土御門通方《つちみかどみちかた》娘）や美濃局《みののつぼね》（土御門顕方《あきかた》母）、政村夫人、実時夫人、重時の後家と娘（泰盛の妻）などである。一方、鎌倉の住人にも帰依《きえ》する者が多かった。叡尊は下層の人びとの救済に浜悲田《ひでん》・大仏悲田を設けて粥《かゆ》をほどこすなどして救済につとめた。

あらたな宗教への批判も生まれた。無住《むじゅう》▲は『雑談集《ぞうだんしゅう》』で時頼を「国王大臣にも猶《なお》勝りて、万人これを仰ぐ」と記し、叡尊門下の本如房然空《ほんにょぼうねんくう》▲は、一二六八（文永

▼忍性　一二一七～一三〇三年。叡尊の弟子。常陸国三村寺《ひたちみむらでら》に住したのち、鎌倉に赴き極楽寺の開山となった。非人救済や道づくりなど、慈善事業につとめた。

▼審海　一二三二～一三〇四年。忍性の推挙で下野国薬師寺《しもつけやくしじ》から招かれて金沢称名寺の開山となった。審海上人画像には一山一寧《いっさんいちねい》の讃《さん》があり、「宗風《しゅうふう》」をながく伝えたとある。

▼無住　一二二六～一三一二年。梶原《かじわら》氏の末裔。尾張国長母寺《おわりのくにちょうぼじ》などに住した。禅・真言《しんごん》などを兼学し、密教聖教《みっきょうしょうぎょう》の伝授では道暁《どうぎょう》の僧名であらわれる。『沙石集《しゃせきしゅう》』『雑談集』などの著作で知られる。

▼然空　西大寺所蔵伊勢御正《みしょう》体《たい》納入文書に「伊勢託宣記」の口述者としてみえ、房号《ぼうごう》は本如房、本文は叡尊が記録した。なお、伊勢御正体納入文書は叡尊と伊勢神宮の関係を示す記録三点からなる。

五)年の「伊勢託宣記《いせたくせんき》」に禅宗の興隆は時頼の帰依によるとして「天魔《てんま》の所為《しょい》」と批判した。東国《とうごく》の王としての姿勢が広く問われるようになっていた。

小侍所別当時宗

幕府は一二一九(承久元)年の将軍九条頼経の下向を契機に小侍所を設置した。職務は、御所《ごしょ》の警固、将軍出行に供奉《ぐぶ》する御家人や弓始《ゆみはじめ》の射手《いて》の選定など、将軍にかかわる年中行事《ねんじゅうぎょうじ》の統括とその確認が主たるものだった。別当は重時・実泰《さねやす》・実時と継承されたのち、一二六〇(文応元)年二月に時宗が就き、実時もその職にとどまった。時宗は連署に就任する一二六四(文永元)年まで別当の職にあった。一〇歳から一四歳という教養を積む時期、実時は時宗を補佐して政務を学ばせる立場にあった。実務は所司《しょし》(代官《だいかん》)の実時被官平岡実俊《ひらおかさねとし》と得宗被官工藤光泰《くどうみつやす》が担当した。

この時期、実時と時宗が行ったことは、将軍御所の廂番《ひさしばん》▲の結番《けちばん》、放生会《ほうじょうえ》▲の供奉人の選定などである。時宗の立場がうかがえるのは、一二六〇年七月、前年の随兵《ずいひょう》役に際し、大須賀朝氏《おおすがともうじ》が弟を、阿曽沼光綱《あそぬまみつつな》が子息を差しだして「自由

▼**廂番**　将軍御所の廂(母屋の外側)に宿直《とのい》して将軍を警護する役。小侍所の管轄のもとに有力御家人の子弟が番に編成された。

▼**放生会**　仏教の殺生禁断思想に基づいて魚鳥を山野などに解き放つ行事。旧暦八月十五日の恒例行事となった。鎌倉では鶴岡八幡宮の放生会が重要で、将軍出御の重要な行事だった。

不参」とされた件に対する責任の所在を求められた一件である。御所奉行《ぶぎょう》の二《に》階堂行方《かいどうゆきかた》から責任を問われた実時と時宗は、口頭伝達で所司が行った点に問題点があったことを認めて文書にしたためると返答した。その後、工藤光泰が時頼に一件を披露したところ、時頼は文書での返答は困難で所司が口頭で行方に謝るのが妥当とする見解を示した。時頼は実時・時宗らの責任を不問とし、実務者の口頭伝達に不備があるとして時宗を守った。

また、同年十一月、二所《にしょ》参詣の供奉人の選定にあたって、実時と時宗は作業を進めていた。その際、二階堂行方は公卿《くぎょう》の選定は御所奉行の管轄であるとして問題が発生したため、二人は公卿関係の文書を行方のもとに返却している。将軍宗尊親王へのあからさまな抗議で、次の文書が発給された。

二所御参詣の供奉人のあいだのこと、仰せ給わるのところ、その意を得ず候のあいだ、給わるところの注文など返しまいらせ候。恐々謹言。

十一月十三日

時宗
実時

(二階堂行方)
和泉前司殿御返事

関東御教書《みぎょうしょ》の書式を例に照らせば二人いる別当の上席は時宗となるが、一件が具申された際の関係は「越州《(実時)》并《なら》びに相模太郎《(時宗)》殿」である。組織上の上位者は時宗だが、実態は実時が責任をもつ立場にあった。時宗の地位は、時頼の意図とそれをうけた実時らによって守られていた。

時宗と時輔の序列の確定

時宗が鎌倉の政務の表舞台に登場すると、異母兄の時輔と時宗との序列の処理が緊急の課題となった。一二六〇(文応元)年正月、時頼が主催する初日の垸飯には時宗・時輔がともにみえ、時宗が上位である。同月に設置された将軍御所の昼番衆《ひるばんしゅう》▲は六番に編成され、時宗は一番頭人とされたが、時輔は三番で頭人塩田義政《しおだよしまさ》の次席におかれた。

時宗が上席にあることは、北条氏内部では共通の認識となっていたが、将軍を含めた幕府内の秩序のなかでは認知されてはいなかった。一二六〇年六月、鶴岡八幡宮《つるがおかはちまんぐう》の放生会の供奉人について問題が発生した。供奉人の名簿が将軍宗尊親王のもとに提出された際に意見が付された。時輔はもとは随兵《ずいひょう》とあるが

▼**昼番衆**　将軍御所に昼の時間に詰めて警護する番役。小侍所の管轄下にあった。

笠懸（『男衾《おぶすま》三郎絵巻』部分）

両者ともに供《とも》をすべしと、ともに供奉人とするものだった。その後、時輔は随兵のままとされた。時頼の判断だろう。翌六一（弘長元）年正月、将軍の鶴岡八幡宮参詣の供奉人の序列でも同様の問題が発生した。その際、時頼は子息の序列を時宗・宗政《むねまさ》・時輔・宗頼《むねより》とした。この序列は宗尊親王の意向とは異なったため、小侍所所司の工藤光泰は実時に報告した。実時は、すでに参向する人びとから承諾をとっていることを理由に改変できないとして事後に処理するとした。時頼が前年末に示した「時宗を兄時輔の上位につける」という意向を直接に反映したものだった。

その後、時輔の序列は固定化していく。同年四月二十四日、宗尊親王は重時の極楽寺山荘を訪問した。供奉人の筆頭は将軍所縁の土御門顕方と時宗でその後塵に時輔らが続いた。翌二十五日、極楽寺邸で笠懸《かさがけ》が催され、一四人が射手をつとめた。得宗家では時輔と宗頼、安達氏一門も二人、重景《しげかげ》と長景《ながかげ》。二人は家督泰盛の弟である。時輔が嫡子でないことが周知された。笠懸に続いて小笠懸《こ》が行われた。小笠懸は当時は行われていなかったため、これに通じた人物はいないということだったが、時頼は「小笠懸は時宗がその技を習得している。

時宗を召して、射させてみよう」と発言し、時宗を呼びだした。泰盛が奉行となって的の準備が行われた。時宗は慣れない馬をみごとにあやつって的中させると、そのまま鎌倉に帰った。『吾妻鏡』は、将軍宗尊が感嘆したことと時頼が時宗は家を継ぐ器の人物だと述べたと記している。この儀式は、時宗の得宗後継者の地位を武家《ぶけ》一般に認知させたものだった。

小侍所・御所奉行の人事と時宗

時宗は一二六一(弘長元)年十二月二十二日に左馬権頭《さまごんのかみ》になり、従五位下《じゅごいげ》に叙せられた。得宗で左馬権頭に任官したのは時宗が初例。後継の貞時《さだとき》・高時《たかとき》も最初の官職は左馬権頭、時宗の例が先例とされた。左馬頭には源《みなもとの》義朝・足利《あしかが》義氏《よしうじ》が任官されており、武家の棟梁《とうりょう》の再構築をはかる意図もあったろう。この年十一月、重時が没した。また三浦氏一族の良賢《りょうけん》が謀叛《むほん》の疑いで捕縛されたが、大きな事件に発展することはなかった。

こうしたなか、時宗は小侍所で主導権をもつようになる。同年正月九日の的《まと》始《はじめ》では実時は事情により出御《しゅつぎょ》できず子息の顕時《あきとき》が代参し、時宗が仕切った。一方、宗尊親王は、将軍在任中の下知状《げちじょう》に「将軍家の仰せにより、下知件《くだん》の如《ごと》し」の様式を使用したように、将軍権力のありようを熟知した人物だった。この間、将軍と執権の取次ぎは、御所奉行▲の二階堂行方と武藤景頼《むとうかげより》が担っていた。しかし、同年八月、放生会の随兵役の予定者が鹿食《しし》の禁忌《きんき》を破り辞退する一件が発生した。二人は認めたが、小侍所の許可をえてはいなかった。小侍所の所司は工藤光泰・平岡実俊の両人だったが、光泰が軽服《きょうぶく》だったため実務は実俊が単独で行っていた。実時が所司は一人ではつとまらない旨を時宗に伝えると、時宗は平盛時《たいらのもりとき》に命じて臨時にその欠を埋めた。また、九月、光泰が二所参詣に随行することになると、供奉人の確認実務を小野沢時仲《おのざわときなか》に代行させた。盛時は侍所所司で寄合衆の一員、時仲は一二八九(正応《しょうおう》二)年に鎮西談義所《ちんぜいだんぎしょ》の調査に派遣される人物で、得宗家御内人《みうちびと》の有力者だった。得宗被官の有力者を代理に起用することで、宗尊親王をより規制する方向にあゆみはじめた。

なお、御所奉行の二階堂行方は、宗尊親王の祈禱《きとう》を厳恵《げんえ》が行った際にその邸宅が休所《やすみどころ》に指定されており、宗尊が信頼していた。その後、一二六三(弘長三)年には中風《ちゅうぶ》をわずらったとあり、役を退いた可能性がある。一方、武藤景

▼**御所奉行**　将軍御所の雑事にかかわる役職。二階堂行方は武藤景頼とともにみえ、二階堂行方が上席だった。『吾妻鏡』は御所奉行の日記類が編纂材料に使われたとされる。

頼は同年の時頼の死没に際して出家したが、その後も実務を続けたようだ。

小侍所別当は、時宗が一二六四(文永元)年に連署に就いたのを機に、実時も交代した。翌年十一月には、弓始の射手の選定について宗政と業時《なりとき》が奉書《ほうしょ》を発給しており、二人が後継の小侍所別当だった。宗政は時宗の弟で一三歳、業時は重時の子で二五歳、ともに政村の娘を妻としている。宗政は時頼が時宗の次席に位置づけた人物で、年長の業時は宗政を教育する立場にたった。得宗家の世代継承策の一端をあらわしている。

連署時宗就任と幕府人事

一二六四(文永元)年七月、執権長時が出家すると、八月、連署政村が執権に転じ、時宗が連署に就いた。引付は、一二六二(弘長二)年に五番編成から三番編成に改められ、頭人は二階堂行方と安達泰盛がはずれて大仏朝直《ともなお》・名越時章《ときあき》・北条実時がつとめていた。同年五月に朝直が死去すると、六月に泰盛を復帰させて時章・実時・泰盛を頭人とした。この間の幕府発給文書をみると、長時・政村が署判した同年六月十三日の将軍家政所下文《くだしぶみ》から政村・時宗が署判した十月十日の関東下知状までのあいだ、執権・連署の発給した文書がみられない。長時の死去や時宗の連署就任にまつわる事情も伏在していたと思われる。

さらに同年、実時と泰盛は越訴《おっそ》奉行に補任された。越訴奉行は、裁判の誤りを審理して再審するか否かを判断する役職だった。越訴方の設置は、引付の枠外の組織ではなく、二人の引付頭人のもとに引付所属の奉行人が加わり審理する性格のものだったようだ。政村・時宗の信任の厚い実時と泰盛が引付頭人と越訴方を兼務した点は、権限を集約することで訴訟の実務処理を円滑にする点で有効だ。しかし、訴訟審理で判断をくだす立場と訴訟の誤りを確認する立場を同一の人間が行う点で、大きな矛盾をかかえることとなったはずだ。

一二六四(文永元)年十月、時輔が六波羅探題南方《みなみかた》に転出した。時茂《ときもち》とともに南北がそろい、長時の執権転任後の長期にわたった空席を埋めた。前年には引付衆の後藤基政《ごとうもとまさ》が六波羅評定衆に転出している。時宗の庶兄時輔や宗尊親王の側近グループの要人を体裁をつくろって追放した。評議・決定に加わる評定衆は、一二六四年当初は一〇人だったが、四月に二階堂行綱《ゆきつな》・行忠《ゆきただ》を、十一月には摂津《せっつ》(中原《なかはら》)師連《もろつら》・小田《おだ》時家《ときいえ》を引付衆から昇格させた。その一方、大仏朝直が死去し、二階堂行方が退き、総数一二人となった。一方、引付衆は八人だったが四人が昇格し、十一月に北条時広《ときひろ》を補充して五人となった。バランスの崩れを補正するかのように、翌一二六五年六月には、評定衆は北条時広・名越教《のり》時《とき》と長井《ながい》時秀《ときひで》を昇格させて一五人に拡充した。五人だった引付衆は三人昇格で二人になり、塩田義政・公時《きみとき》・業時《なりとき》・宣時《のぶとき》、佐々木《ささき》氏信《うじのぶ》、二階堂行有《ゆきあり》・行実《ゆきざね》の七人を昇格させ、九人とした。北条時広はわずか半年で二階級上がった。
人材登用には門閥が優先された。評定衆・引付衆に占める北条氏の割合は四分の一から三分の一に上がり、引付衆は半分が北条氏一族となった。

引付の廃止と将軍宗尊親王の帰洛

引付衆の急激な入れ替えは機能不全を招いたとみられ、引付は一二六六(文永三)年三月に廃止され、二階堂行泰《ゆきやす》没後に一四人となった評定衆を三番に編成しなおして訴訟審理にあたらせた。

一番　**名越時章**　北条時広　長井時秀　**小田時家**　**二階堂行方**
二番　北条実時　名越教時　**二階堂行義《ゆきよし》**　**二階堂行忠**　三善倫長《ともなが》

三番　安達泰盛　中原師連　**武藤景頼**　**二階堂行綱**

（注、ゴシックは出家者。囲みは前年に評定衆でなかった者）

二階堂行方を復帰させ、評定衆は毎月二回・三番編成で六回決裁することとした。結番からはずれた旧評定衆の問注所執事《しつじ》三善康有《やすあり》と佐々木氏信については、康有は問注所での審理後に是非を判断して評定衆にあげる役にし、氏信は評定の議題・内容を奉行人から確認したのちに執権・連署に奏上する役割に就けた。その一方で、政所・問注所の執事・奉行人は毎日参向と義務づけた。評定衆は全員での審理が建て前だったが、番衆が月二回の審理・決裁をすることとなった。政所・問注所の奉行人による実務を重視し、評定衆の合議機能は軽視された。翌年四月には越訴奉行▲も廃止し、裁判全体を評定衆の枠組みにいれた。引付廃止にあたっては「重事は直《じき》の聴断、細事は問注所」で処理するシステムに変えたため、重要事項は執権・連署の直断に変わった。評定衆の実質は形骸化し、得宗・執権の意思が強く発動する事態となった。政村・時宗政権は泰時らが完成した執権政治の枠組みを越えてしまった。

宗尊親王は、時頼が朝廷に求めて迎えた待望の親王将軍で時宗より九歳年長

▼**越訴奉行**　越訴は、評定で判決がくだされた内容に当事者が不服申請することをいう。越訴奉行はこれを担当する越訴方の長をさす。

だった。和歌《わか》・蹴鞠《けまり》を愛好し周囲には昵懇《じっこん》の御家人が集まった。一二六五（文永二）年正月の御所での御鞠始《おまりはじめ》には、名越教時・北条時広・北条清時《きよとき》らの近習《きんじゅう》が参集した。将軍が自立を志向するなか、同年閏《うるう》四月、御所の警護をする御家人が無人となった。時宗は小侍所に参じない御家人は罪科にすると令達した。御家人に将軍への違和感が広がるなか、翌年三月、蹴鞠の人選を宗尊親王は密かに行った。宗尊親王の病気平癒祈禱が始まると、政村は御所に参じた。六月二十日、政村邸に寄合衆の政村・時宗・実時・安達泰盛が集まり、宗尊の更迭を決めた。七月四日には名越教時の軍勢が鎌倉内で武装して示威行動を始めたものの、政村がこれを制止し、将軍の帰洛が周知された。幕府は宗尊親王の追放を進め、後継将軍に宗尊親王の子惟康《これやす》を任ずるように朝廷に求めた。惟康は三歳。得宗時宗への権力集中への準備を整えた。

寄合衆安達泰盛

泰盛は、頼朝の側近だった安達盛長《もりなが》の曽孫にあたる。祖父景盛《かげもり》は実朝《さねとも》・政子《まさこ》の信望をえる一方、娘（松下禅尼）は北条時氏《ときうじ》に嫁して経時・時頼を生んだ。景盛と義景は、宝治合戦▲で時頼方の主戦力となり時頼の権力確立と三浦氏一族の排除を実現した。その後、義景は一二五二(建長四)年に引付頭人となり、北条氏以外の御家人の頂点にたった。宝治合戦で初陣《ういじん》をかざった泰盛も地位を上げていった。義景の没後、一二五六(康元元)年には評定衆で引付頭人をかねた。時頼の没後は、一二六四(文永元)年に引付が三番編成に改められるなか、その頭人をつとめた。さらに、義景の娘を養女にして時宗の正室(堀内殿)とし、時宗の義父の立場に立った。一二七一(文永八)年、二人には貞時《さだとき》が生まれる。得宗の外祖父としてその権力を増していくこととなる。

泰盛は寄合衆でも重用された。一二六五(文永二)年、延暦寺《えんりゃくじ》と園城寺《おんじょうじ》の紛争▲の処理は、評定始が始まる前に時宗・名越時章・北条実時・泰盛らが出席して審議され、議題となる評定事書《ことがき》は泰盛と武藤景頼が持参した。評定始では事書を中原師連と泰盛が持参している。泰盛は寄合・評定が開始される前に、評議の議題と問題となる事項を確認し、寄合で相応の結論にいたった内容を全体にゆきわたらせる役割を担ったことになる。得宗主催の私的会議である寄合が幕府の公的会議の評定より優越していたことも示している。

▼**宝治合戦**　一二四七(宝治元)年、北条時頼と安達氏一族が三浦泰村一族を挑発して滅ぼした合戦。三浦氏の縁族の千葉《ちば》氏なども衰退し、執権北条時頼の地位が確立した。

▼**延暦寺と園城寺の紛争**　園城寺で授戒《じゅかい》が行われたことや日吉社《ひえしゃ》の神人《じにん》の殺害事件に延暦寺が反発して武力闘争が発生した。

こうした立場は、正月の垸飯にもみられる。一二六三(弘長三)年の元旦は時頼が主催して、三役は御釼《ぎょけん》が大仏朝直、御調度が名越教時、御行縢沓《おむかばきくつ》が長井時秀だったが、六五(文永二)年の元旦は時宗の主催で、御釼が北条実時、御調度が北条時広、御行縢沓が安達泰盛に変わり、泰盛は翌年も御行縢沓役をつとめた。将軍宗尊親王の追放を決定する際も寄合の合議に加わった。時宗政権を政村・実時とともに支える要人となっていた。

経済力も生半可《なまはんか》なものではない。一二六〇(文応元)年三月、将軍宗尊親王の御息所《みやすどころ》の慶事では、時宗が砂金《さきん》一〇〇両を献上したのに対し、泰盛は砂金を三〇両。得宗の三分の一ほどにあたる。一二七五(建治《けんじ》元)年の幕府が京都六条《ろくじょう》八幡宮を造営した際の拠出額は、時宗の五〇〇貫文《かんもん》に対して泰盛は一五〇貫文で右の割合とほぼみあっている。得宗との深い縁族関係と実力を背景に、御家人を代表しつつ得宗時宗の政権の核をなしたのである。

②執権時宗――蒙古襲来と御家人

時宗の執権就任と蒙古使節の来日

時宗は、将軍惟康《これやす》が五歳となった一二六八(文永《ぶんえい》五)年三月に執権《しっけん》に就いた。時宗は一八歳、連署政村《れんしょまさむら》が六四歳。青年の得宗《とくそう》を長老が補佐する体制をとった。評定衆《ひょうじょうしゅう》は、一二六七(文永四)年に武藤景頼《むとうかげより》の死去をうけて、十一月に重時《しげとき》の子塩田義政《しおたよしまさ》と泰盛の弟時盛《ときもり》の二人が加わり一六人となった。大枠の変更はなかったが、義政は一二六八年には序列を上げている。執権時宗の政治体制のなかに重時流を含めておく人事だったと思われる。

翌年四月、幕府《ばくふ》は問注所《もんちゅうじょ》が審理する体制をやめて引付《ひきつけ》を復活した。引付は五番編成で、頭人《とうにん》は名越時章《なごえときあき》・北条実時《さねとき》・塩田義政・北条時広《ときひろ》・安達泰盛となった。引付衆は総員一五人。北条氏が時村《ときむら》・公時《きみとき》・業時《なりとき》・宣時《のぶとき》・顕時《あきとき》の五人、政村流・名越流・重時流・大仏《おさらぎ》流・金沢《かねさわ》流の一門からそれぞれ一人。一般御家《ごけ》人《にん》からは宇都宮景綱《うつのみやかげつな》・伊賀光政《いがみつまさ》・安達顕盛《あきもり》・後藤基頼《ごとうもとより》らが加わった。評定衆・引付衆あわせて三〇人のうち、北条氏が一〇人、安達氏が三人、二階堂《にかいどう》氏が四人。北条氏の門閥支配がいっそう顕著になった。この体制が、一二七二(文永九)年の二月騒動で名越教時《のりとき》が誅殺されるまで続くこととなる。

一二六八年の正月、高麗《こうらい》▲は蒙古《もうこ》▲(モンゴル)から日本への取次ぎを命ぜられ、使者潘阜《はんぷ》が国書《こくしょ》をもって博多《はかた》にやってきた。筑前国守護少弐資能《ちくぜんのくにしゅごしょうにすけよし》▲は国書を受け取り鎌倉《かまくら》に届けた。国書には、日本は中国と古くから通交関係にあるが蒙古の実力を知らないだろうといって通商をうながす一方、拒否すれば武力を行使すると記されていた。幕府は朝廷《ちょうてい》に上奏《じょうそう》すべしと判断して京都に伝え、判断を朝廷に委ねた。協議の末、朝廷は異国降伏《いこくごうぶく》の祈禱《きとう》を二二社に命じて回答拒否の姿勢を明らかにした。幕府の対応は二月二十七日付の讃岐《さぬき》国守護北条有時《ありとき》に命じた御教書《みぎょうしょ》▲にみえる。蒙古人が「凶心《きょうしん》」をあらわして「本朝《ほんちょう》」をうかがっており、その「用心」を行うよう御家人らへ伝達し、九州に所領《しょりょう》をもつ御家人自身やその器にかなう代官《だいかん》の下向《げこう》を督励して初動的な防備体制を発令した。石清水八幡宮《いわしみずはちまんぐう》が祈禱を行って所領復興を要求したのとは対照的な態度だった。

蒙古国書への対応をみると、幕府は本来的に国際的な国家間の外交に関する決定権をもっておらず、判断は朝廷に委ねていたとみられる。

▼高麗　九一八年成立の朝鮮統一王朝。文臣が武臣に優越する官僚国家だったが、一一七〇年のクーデターで武臣優位となった。武臣政権は蒙古と対抗したが、一二七〇年に国王派に倒された。

▼蒙古　十三世紀初頭、チンギス゠ハーンがでて大帝国を建設し、フビライ゠ハーンのときに南宋《なんそう》を滅ぼして国号を大元とした。日本への二度の襲来も含め、ヨーロッパ・アジアで侵略を行い多大な影響をおよぼした。

▼少弐資能　一一九八〜一二八一年。筑前・豊前・肥前・肥後・壱岐・対馬の守護となった。蒙古襲来では元・高麗の交渉の窓口となり、蒙古合戦での負傷がもとで没した。

▼御教書　将軍家発給の関東御教書。執権・連署が将軍の命令・意志をうけて発給した文書。

蒙古国書と高麗牒状

東大寺《とうだいじ》の宗性《そうしょう》▲は、蒙古国書などを一二六八(文永五)年二月に亀山殿大多勝《かめやまどのだいたしょう》院《いん》で行われた後鳥羽院御八講《ごとばいんごはっこう》の際に寄宿先の称願房経性《しょうがんぼうきょうしょう》から借り受けて書写し、『調伏異朝怨敵抄《ちょうぶくいちょうおんてきしょう》』と名づけた。奥書《おくがき》には天下の大事で公卿《くぎょう》の合議で返牒《へんちょう》を送らなかったとある。事態の推移を正確に伝えている。

文書は、(1)一二六六年八月の蒙古国牒状《ちょうじょう》▲、(2)六七年九月の高麗国書、(3)六八年正月の潘阜らの高麗国牒状からなる。フビライ゠ハーン▲の使節黒的《こくてき》らは一二六七年正月に(1)を携えて日本に向かうも荒海を前に巨済島《こさいとう》で引き返した。その後、六月、ふたたびフビライは黒的らを高麗に派遣した。その際、高麗王元《げん》宗《そう》は九月に(2)を作成し、高麗使者潘阜らが一二六八年正月に博多に着いた際に(3)を書き内容を説明した。(1)は高麗を従属国と位置づけたうえで蒙古との通交を求め、通好を認めなければ兵を用いると通告し、(2)は日本と高麗が近隣にあることを述べて通好を認めることを求め、(3)では蒙古が天下をおさめた事情と使者派遣の経緯を説明して天皇に謁見し国書を伝える旨を奏上している。

蒙古国書は「蒙古国牒状」(宗性)、「異国牒状」(『師守記《もろもりき》』)と呼ばれ、日本側で

▼**宗性**　一二〇二〜七八年。東大寺の学僧。父は蔵人《くろうど》を経歴した藤原隆兼《たかかね》。華厳宗《けごんしゅう》など旧仏教教学の興隆につとめ、東大寺別当ともなった。著書は『日本高僧伝要文抄《にほんこうそうでんようぶんしょう》』など数多い。

▼**牒状**　牒は統属関係のない機関や官人・個人間で使用された文書をいい、この場合は国家の王間で使用された文書。

▼**フビライ゠ハーン**　一二一五〜九四年。モンゴルの五代皇帝で、元の世祖。南宋を滅ぼし中国本土で領土を拡張した。また、ベトナム・日本などに遠征軍を派遣したが、多くは失敗した。

は牒状と位置づけられた。発給者側からみると、⑴の蒙古国書は冒頭に「上天《じょうてん》眷命《けんめい》／大蒙古国皇帝／奉書《ほうしょ》　日本国王」とあり、「奉書▲」である。「上天」以下の句は一二六一年にはみえる皇帝の意思をあらわす定型句。モンゴル語の命令文にみえる「とこしえの天の力に」に対応する文言で、日本にとっては未知の文書様式だった。一方、⑵の高麗国書は「高麗国王　王禃《おうしょく》／右啓」とあり、「啓《けい》状《じょう》▲」でモンゴル官人・王族などに発給した文書に準拠して発給されたとみられる。⑶も「啓状」。⑵⑶は私的書状に近い性格のものだった。

朝廷は返牒を渡さずに帰国を命じたため、潘阜らは一二六八年七月に高麗に帰った。翌年二月、ふたたび派遣された蒙古使・高麗使は対馬《つしま》に渡り島民を捕えると、六月、フビライは使者の日本派遣を命じた。このときもたらされたのが、⑷一二六九年六月の大蒙古国中書省《ちゅうしょしょう》牒、⑸同年八月の高麗国慶尚道《けいしょうどう》按《あ》察使《ぜち》牒である。書式は、⑷は「大蒙古国皇帝洪福裏中書省　牒／日本国王殿下」で始まり「殿下、寔重図之、謹牒」で終わり、⑸は「高麗国慶尚晋安東道按察使牒／日本国大宰府守護所《だざいふしゅごしょ》」で始まり「事須謹牒」で終わる。蒙古の政務組織である中書省の正式文書で、高麗の牒も伝統的書式に準じている。蒙古は今回は

▼**奉書**　皇帝の意思をくんで発せられる文書。

▼**啓状**　書簡に近い文書。

正式な牒を発給して日本側の対応を問うたのである。

蒙古国書と幕府の返牒拒否

蒙古の使者が来日してのち、寺社では異国降伏の祈禱が行われ事態は広く知られることとなった。鎌倉では、日蓮《にちれん》▲が自身の『立正安国論《りっしょうあんこくろん》』の外憂にあてはまるとして、北条氏に建長寺《けんちょうじ》・寿福寺《じゅふくじ》・極楽寺《ごくらくじ》・浄光明寺《じょうこうみょうじ》・多宝寺《たほうじ》・大仏殿《だいぶつでん》など禅《ぜん》・浄土《じょうど》・律《りつ》宗への帰依《きえ》を停止するよう求めた。日蓮は(1)の国書の存在を東大寺の宗性が書写した時期には知っていた。蒙古国書のことは、日蓮の信者となった得宗被官《ひかん》辺りを通じて知らされたのだろう。日蓮は蒙古が日本を襲うという認識を深めていく。一方、金沢称名寺《しょうみょうじ》の釼阿《けんあ》▲が書写した「蒙古来使記録」には、中国と日本は「宿意」のない関係にあり「用兵」は「不義」にあたることから蒙古に返牒することとなったと朝廷側の対応を要約している。

問題の牒状には、(4)で元の対馬での島民の捕縛は日本への使節を拒み攻撃されたためだとして、来春までに正式の返牒がなければ戦艦一万艘を派遣して「王城」(京都)を鎮圧すると通告し、(5)で高麗は一二五九年に蒙古に屈服したが、

▼**日蓮**　一二二二～八二年。法《ほっ》華宗《けしゅう》の開祖。『立正安国論』などで浄土宗など他宗批判を行い流罪とされた。一二七四(文永十一)年に蒙古襲来の処置を平頼綱に進言したのち、身延山《みのぶさん》にはいり教団を維持・拡大した。

▼**釼阿**　一二六一～一三三八年。称名寺の住持。審海没後、寺内の騒動のあとに住持となった。檀那《だんな》の金沢貞顕《さだあき》の信頼が篤く、称名寺の伽藍《がらん》の整備や聖教《しょうぎょう》の収集・整備に尽力した。

蒙古を「北朝」と中国北部の王朝にすぎないことを示しつつ、島民の護送実務はやむをえない事態だと述べている。朝廷の返牒は菅原長成《すがわらのながなり》▲が起案し、(6)一二七〇(文永七)年正月の日本国太政官《だじょうかん》牒(蒙古国宛)、(7)同年二月の大宰府守護所牒(高麗国宛)の二通が作成された。清書は安達泰盛らと昵懇《じっこん》の世尊寺経朝《せそんじつねとも》▲だった。細部の情報も鎌倉に伝わったろう。(6)では、日本は「蒙古」の国号を知らず中国との外交は中絶状態にあるとし、軍事行動は仏教の教えに背き、日本は「四夷《しい》」をおさめる「神国《しんこく》」だと反駁した。一方、(7)では高麗による対馬島民の護送に感謝し、それにかかった経費をあたえた旨を記した。蒙古には日本の独立した立場を論理的に主張し、高麗には礼をつくす立場をとった。朝廷の返牒は幕府に送られて評定にかけられ、前回の態度を踏襲して返牒しないことを決めた。幕府は一歩踏み込んだ姿勢に変わった。

　神国思想も姿をあらわにしてきた。泰盛が保護した京都正伝寺《しょうでんじ》の東巌恵安《とうがんえあん》▲の一二六九(文永六)年十二月の願文《がんもん》には「神明に資財を合力《ごうりき》すれば蒙古などの辺国の貧人は降伏し、蒙古は驕慢《きょうまん》で日本の武芸は諸国より優れており、朝廷の宝である武家《ぶけ》と軍兵が調伏《ちょうぶく》することになる」とある。神国思想を基に祈禱と武

▼**菅原長成**　一二五三〜八一年。文章博士家《もんじょうはかせけ》の公家、一二七一(文永八)年に参議《さんぎ》。長成の父為長《ためなが》は金言集《きんげんしゅう》の『管蠡集《かんれいしゅう》』を編集し、長成の甥観証《かんしょう》は鎌倉に下向し北条実時の後見となった。

▼**世尊寺経朝**　一二一五〜七六年。実父は勘解由小路《かでのこうじ》頼資。世尊寺行能《ゆきよし》の養子となった。安達泰盛に『心底抄《しんていしょう》』『右筆条々《ゆうひつじょうじょう》』を伝授するなど幕府との関係が密接で、世尊寺流書道を御家人らに普及させた。

▼**東巌恵安**　一二二五〜七七年。臨済宗《りんざいしゅう》の僧。一二六二(弘長二)年に兀庵普寧とであい、その法灯を継いだ。安達泰盛が帰依した僧としても知られる。

力が一体となった調伏の考え方で、その後に顕著となってくる。

六波羅探題南方北条時輔

六波羅探題《ろくはらたんだい》は、この時期、南方《みなみかた》が時輔《ときすけ》、北方《きたかた》が時茂《ときもち》（重時の子）だった。北方は、時茂が一二七〇（文永七）年正月に没し、義宗《よしむね》（重時流、長時《ながとき》の子）が赴任するのは翌年十二月。そのあいだ二年間ほど、時輔一人だった。六波羅探題は一二二一（承久《じょうきゅう》三）年に泰時《やすとき》・時房《ときふさ》が補任されて二人体制だったが、四二（仁治《にんじ》三）年に北方重時のみとなり、時輔が南方に補任されるまで北方のみだった。南北が常時そろうのは一二七七（建治《けんじ》三）年以降のことで、探題が複数の場合はいずれかが執権探題として公武交渉の窓口となった。

一二六四（文永元）年の時輔の南方補任は、二〇年ほどの北方のみの体制から旧に復するものだった。時茂没後に北方の欠を埋めなかったのは、時輔が探題の職務を全うしていたことも意味する。時輔在任中の六波羅探題は、評定衆に加えて一二六七（文永四）年には訴訟の再審を行う越訴奉行《おっそぶぎょう》もあった。鎌倉では一二六四（文永元）年に北条実時・安達泰盛が越訴奉行に補任されており、鎌倉での組織整備に呼応していた。北方・南方の両人併置への復帰も、西国《さいごく》訴訟の強化の一環だろう。時輔没後の一二七五(建治元)年には二階堂行清《ゆききよ》・町野政康《まちのまさやす》らが派遣され、やがて引付方も設置されていちだんと強化がはかられた。

探題が時輔のみの時期、発給文書などからみると前代と特段の違いはない。一二七〇年八月、幕府は本所《ほんじょ》一円荘園《しょうえん》での闘諍《とうじょう》・合戦の処置を本所に伝えるよう時輔に求めた。高野山《こうやさん》領名手荘《なでのしょう》▲での狼藉人《ろうぜきにん》の排除や延暦寺衆徒《しゅと》の神輿《しんよ》破壊など直面していた問題の処理を伝達したもので、時輔は鎌倉の忠実な代理人だった。翌年八月、東厳恵安は中国に帰っていた兀庵普寧《ごったんふねい》▲から書状を拝領し、その際、時輔と面会している。純粋な禅を志向した兀庵普寧は時宗を未熟と考える一方、時輔を弟子と評価していた。時輔の教養・技量の一面を示している。また、東厳恵安の願文には、蒙古人が高麗を破り、次には日本を攻めるとある。中国の情報は時輔に同様に伝えられていただろう。

時輔は烏帽子親《えぼしおや》が足利利氏《あしかがとしうじ》、妻は小山長村《おやまながむら》の娘。長村と北条実時は義兄弟である。時頼によって用意された人的環境で、時宗の立場と類似する。二月《にがつ》騒動で討たれる時輔に個人的な瑕疵《かし》はなかったろう。

▼名手荘　紀伊《きい》国那珂《なか》郡(現、和歌山県紀《き》の川《かわ》市名手市場《なていちば》)の高野山領荘園。高野山が直務支配した。鎌倉中期には名手市場が成立していた。

▼兀庵普寧　一一九七〜一二七六年。臨済宗の来朝僧。中国径山《きんざん》の無準師範《ぶじゅんしばん》の弟子。一二六〇(文応元)年に京都東福寺《とうふくじ》の円爾弁円《えんにべんえん》らの要請で来朝し、時頼の招きで鎌倉建長寺に住した。

二月騒動——名越時章・教時と時輔の殺害

一二七一(文永八)年八月、幕府は時頼執権期の成敗《せいばい》は変更できない旨を通知し、その成敗を固定化した。一方、蒙古問題は、高麗の反元《げん》勢力三別抄《さんべつしょう》▲の使者が来朝して救援を求めたが事態を正確に認識できず、蒙古が攻めてくるという認識にとどまっていた。鎌倉では、幕府批判をした日蓮が死罪をいい渡されるも免ぜられて佐渡流罪《るざい》に決着する龍《たつ》ノ口法難《くちほうなん》▲が起こった。日蓮は、信者の名越光時《みつとき》の従者だったらしい大学三郎《だいがくさぶろう》が泰盛に嘆願して助命された。蒙古問題の具体的対策をみると、九月、幕府は鎮西《ちんぜい》に地頭《じとう》職をもつ者を下向させ、守護の指揮のもと異国防御と悪党《あくとう》▲排除につとめるよう命じた。西国支配の一層の強化をめざしていた。

翌一二七二(文永九)年二月、十一日に鎌倉で名越時章・教時兄弟、十五日には六波羅で時輔が、謀叛《むほん》の疑いありとして討たれる二月騒動が発生した。時章の無罪が判明すると、時章を討った大蔵頼季《おおくらよりすえ》・渋谷朝重《しぶやともしげ》・四方田時綱《しほうでんときつな》・石河神《いしかわしん》次左衛門尉《じさえもんのじょう》・薩摩《さつま》左衛門三郎《さぶろう》らは頸《くび》を刎《は》ねられ、時章の子公時には所領が安堵《あんど》された。四方田時綱は政村の被官、他は得宗の被官だった。教時を討った者

▼**三別抄**　高麗の武臣政権が設置した首都防衛軍。一二三一年、蒙古が侵攻して以降は反蒙古軍の主力となり、江華島《カングワド》・珍島《チンド》・済州島《チェジュド》を拠点にした。一二七二年、日本に使者を派遣した。

▼**龍ノ口法難**　一二七一(文永八)年、鎌倉で諸宗批判を行っていた日蓮が幕府侍所《さむらいどころ》所司の平頼綱により捕縛され、鎌倉龍ノ口で斬首されようとした事件。日蓮は安達泰盛らのはからいで助命され、佐渡に流された。

▼**悪党**　幕府や朝廷・荘園領主と経済的利害から対立し敵対した人びとを、公権力の側が排除すべき対象としていう呼称。

▼『五代帝王物語』　鎌倉後期成立の史書。一二二一(承久三)年の後堀河《ごほりかわ》天皇践祚《せんそ》から七二(文永九)年の後嵯峨《ごさが》上皇《じょうこう》の百箇日仏事までを記す。署名は堀河天皇から亀山《かめやま》天皇まで五代の天皇の時代を扱ったことに由来する。

には賞罰もなかった。六波羅での騒動の経過は『五代帝王《ごだいていおう》物語』▲に詳しい。探題北方の義宗に、十五日の早朝、早馬《はやうま》が着いて「時輔を討つべし」との命が伝えられて合戦となり、館《たち》に火がかけられ、討死・焼死者があいついだという。公家《くげ》らは翌日も名残りがあるかと思っていると、義宗からは謀叛の疑いがあったので召し捕ったという報告のみ伝えられたという。義宗への連絡は早馬で鎌倉・京都間を四日。鎌倉末期の後醍醐《ごだいご》天皇の動向を探っていた六波羅探題金沢貞将《さだゆき》の書状は鎌倉に三日で届いている。鎌倉での武力行使に即応して使者が送られたのだろう。対応の早さからみて、事前の連絡があってのことだったろう。時宗・政村らの周到な準備と決断がすけてみえる。

合戦後、時章が守護だった肥後《ひご》・筑後《ちくご》・大隅《おおすみ》は安達泰盛や大友《おおとも》氏らに、時輔が守護だった伯耆《ほうき》は泰盛と近い芦名《あしな》氏に移った。泰盛の兄弟で六波羅評定衆だった頼景《よりかげ》は鎌倉に召し下され、所領二カ所を没収された。泰盛は安達氏一門内での地位を確立した。同年五月、泰盛が高野山町石《ちょうせき》にきざんだ時輔・時章・教時らの供養文《くようぶん》には「一代の彰功《しょうこう》」とある。泰盛は二月騒動の確信犯だった。『関東評定衆伝』には教時の討手に賞罰がなかったことに「人、これを哢《さえず》る」とある。噂《うわさ》が飛び交い、多くの人びとが不信の念をいだくこととなった。

二月騒動と鎮西警固政策

二月騒動後、評定衆は時章（一番引付頭人《とうにん》を兼務）・教時の二人が欠員となり、十月に時宗の弟宗政《むねまさ》が引付衆をへずに評定衆に引き上げられた。得宗の御内《みうち》支配がいちだんと進んだ。六波羅探題義宗について興味深いのは、直前の正月二十日付の関東御教書が義宗一人を宛先としていることである。騒動の二〇日前、準備は整っていたのかもしれない。

九州では警固体制がいちだんと強化された。幕府は鎮西奉行▲に少弐・大友両氏を任じてその支配を行っていた。大友頼泰《よりやす》▲は、二月朔日付で豊後《ぶんご》守護として御家人野上資直《のがみすけなお》に廻文《めぐらしぶみ》を送付した。それには、筑前・肥前《ひぜん》両国が守る要害は東国《とうごく》から御家人が下向するまでのあいだは、三月晦日《みそか》まで国の御家人を警固にあてるようにとある。野上資直に文書が届いたのは二月十六日、二週間ほどかかっている。守護所の書状が御家人のもとを巡回しながら届けられていた。関連して、豊後守護代小田原景泰《おだわらかげやす》は、四月二十三日付で肥前・筑前の要害警固と

▼**鎮西奉行**　鎌倉幕府が鎮西支配のために設置した機関、また、それを担当した人物への呼称。

▼**大友頼泰**　一二二二〜一三〇〇年。豊後国の守護。蒙古襲来に際して九州に下向し、鎮西奉行として九州の御家人を統括し、戦功認定などにあたった。

豊後国内の「悪党」に関する守護頼泰の三月二十五日付の書下《かきくだし》を伝達し、景泰自身が下向すると記している。頼泰の書下から景泰の書状発給までに一カ月かかっている。頼泰はいまだ鎌倉にいたかもしれない。

右の文書にみえる「悪党」は時輔と名越時章・教時方をさすようだ。二月二十八日付の少弐資能の書下には、六波羅探題義宗をとおして時章襲撃当日の二月十一日付関東御教書と義宗の下知状が二十六日に届いたとあり、謀叛人を十一日に召し捕ったこと、鎮西地頭御家人らは事件に関係して参上してはならないとある。関東御教書には次のようにみえる。

今後、御勘当《かんどう》を受けた者があるときは、命令を受けた追討使《ついとうし》以外で勝手に馳せ向かう者は処罰することを、広く御家人たちに触れていただきたい。

将軍家の命令で伝達するところは以上のとおりである。

文永九年二月十一日　　左京権大夫(北条政村)判

謹上　相模守(北条時宗)殿

時宗の守護管国に発給するためにだされたものだが、得宗から勘当を受けた者は「悪党」とされ、全国の守護に通知された。二月騒動は反対勢力を全国的に一掃して得宗政権の強化をはかり、大友頼泰の九州下向など同時期に進行していた異国警固番役《いこくけいごばんやく》▲の体制強化への道筋をつけたことはまちがいない。

二月騒動の遠景――実時・泰盛と名越一族

一二七四(文永十一)年十一月、実時は中国の農書『斉民要術《さいみんようじゅつ》』を書写した。料《りょう》紙《し》には、実時の手元にあった公文書・書状八〇通ほどが使用された。年紀のわかる正文《しょうもん》は、もっとも古いのが一二七一(文永八)年四月の越中《えっちゅう》国石黒荘山《いしぐろのしょうやま》田郷《だごう》雑掌《ざっしょう》申状、新しいのが七四年八月の法印《ほういん》某書状である。書写に使われる三〜四年前から三カ月前ほどの時期となる。公文書類は得宗被官安東蓮聖《あんどうれんしょう》が近江《おうみ》国堅田《かただ》浦で借銭の担保に年貢《ねんぐ》運搬船の積荷を没収した際の申状などで、引付頭人・越訴奉行として担当した訴訟実務関係文書を使用している。訴訟文書は、結審などしてしまうと廃棄され、個人の書物の書写料紙に使用された。

書状の宛先は、実時と甘縄殿《あまなわどの》(実時か、不明)、実時の側近である平岡実俊《ひらおかさねとし》・観証房《かんしょうぼう》・恩田《おんだ》兵衛太郎《ひょうえたろう》に分かれる。実時宛は名越教時・光時と法親《ほっしん》(後嵯峨《ごさが》院《いん》の皇子性助《しょうじょ》か)である。教時は二月騒動で討たれ、光時は一二四六(寛元《かんげん》四)

▼異国警固番役　鎌倉幕府が蒙古襲来に備えて御家人らを博多近郊の沿岸警備にあてた役。九州に所領をもつ御家人の下向をうながし、やがて、九州の国別の地域分担や交替勤番がとられた。

年に時頼の執権就任時に敵対したとして伊豆《いず》に流罪された。光時書状は訴訟での口添えを実時に求めたもので、鎌倉外の住所からだしたもののようだ。教時の書状は実時を媒介に上部への助言の有無を確認するものだった。おそらく両者は連関するもので、名越一族の訴訟への口入れを実時が媒介していたのだろう。実時の取次先は時宗・政村となろう。一方、法親書状は、但馬国《たじま》の小佐郷《おさ》の年貢に関して行われていた訴訟について、その助成を実時に求めたものである。小佐郷の相論《そうろん》は、安原高長《やすはらたかなが》らと名越公時が訴論人《そろんにん》で、一二七九(弘安《こうあん》二)年に公時が権利の放棄を明記した避状《さりじょう》を渡すことで決着した。公時は四番引付頭人で、北条氏一族の有力者が譲歩して結審した。公時に避状を求めたのは時宗に相違なかろう。

法親の実時への接近は慎重で、扇二〇本に筆を贈って面談を求めた。書状の書止《かきとめ》は「謹言」とあり簡略である。実時らより身分的に上位にあった。法親は交渉が終ったころ、泰盛と実時をたずねて京都へ帰る際の伝馬《てんま》を所望した。実時らは極上の馬を法親にあたえ、法親は恐縮している旨を伝える書状を送った。実時らは法親に格別の配慮をする立場にあった。法親を軸にみれば、名越氏の相論に関して実時・泰盛は法親側に随分と肩入れしていたとみてよい。二月騒動で名越氏が謀叛の嫌疑を受ける一因には、後嵯峨院・性助らとかかわる所領で名越氏一族と相論になったこともあるのではなかろうか。

政村の死去と幕閣の再編

『斉民要術』紙背文書《しはいもんじょ》のうち、平岡実俊・観証房・恩田兵衛太郎宛のものをみよう。実俊は実時が小侍所別当《こざむらいどころべっとう》だったころの所司《しょし》。観証房は菅原為長《ためなが》の孫、称名寺阿弥陀堂《あみだどう》をまかされた。恩田兵衛太郎は金沢氏領にちなむ被官。差出人は二階堂行忠《ゆきただ》・結城広綱《ゆうきひろつな》・加藤景経《かとうかげつね》・後藤基頼・仙覚《せんかく》▲・頓宮忠氏《とんぐうただうじ》・菊池武房《きくちたけふさ》で御家人が中心である。頓宮・菊池分を除くと贈答が中心で、生鮭《さけ》・白鳥・クラゲ・夏梨・楊梅《やまもも》・扇・筆を贈っている。万葉《まんよう》学者仙覚の書状は「夏梨一裹《つつみ》、故に折りたる西枝《せいし》を進上せしめ候なり」とある。この一節は、『新撰朗詠集《しんせんろうえいしゅう》』の大《おお》江匡衡《えまさひら》の詩序にみえる「菓《くだもの》はすなわち玄圃《げんぽ》の梨、西枝を折って机におく」を踏まえている。『源氏物語《げんじものがたり》』の書写・注釈、『白氏文集《はくしもんじゅう》』に親しんだ実時周辺の教養の具体相をよく伝えている。

▼**仙覚**　一二〇三～?年。『万《まん》葉集註釈《ようしゅうちゅうしゃく》』を著わした学僧。

▼京都大番役　鎌倉幕府が御家人に賦課した役。在京し内裏《だいり》などの警備を担当した。

一二七三(文永十)年は初頭から不吉な変異があった。正月、三〇センチほどの彗星《すいせい》が数日のあいだ天空にとどまった。三月七日の大雪は異例で、この大雪は五月二十七日の政村の死去と関連してながく記憶された。政村死去の報は全国に伝わり、閏五月二十一日には、京都大番役《おおばんやく》▲に就いていた頓宮忠氏、二十九日には肥後の菊池武房が、参向できず代理を派遣する旨を実時に伝えた。菊池武房は、本来なら参上すべきところ、異国警固にあたる鎮西の地頭御家人らは参向してはならないとの御教書がくだされていることを示してわびている。幕府を支えた長老への畏敬《いけい》の念とともに、京都大番役や鎮西の警固役は任地から離れられない性格のものだったことを示している。

実時は評定衆で二番引付頭人。連署政村の死没に際し、二月騒動で没した一番引付頭人名越時章の欠は埋められておらず、実時はこのときには序列二位の立場にあった。御家人らが代理派遣を実時に伝えた背景には、政村の没後供養《くよう》の法会に東国御家人が広く参加し、主催者が時宗で、実時が法会《ほうえ》の実際を仕切る立場にあったのではなかろうか。

翌六月、時宗のもとであらたな人事が行われた。連署には義政。義政は重時の子で三番引付頭人からの昇格だった。二番引付頭人の実時は時宗の後見的立場にある点からすると、家格の序列からも順当なものだったろう。他の引付頭人は、三番が時宗の弟の宗政、四番が北条時広、五番が安達泰盛。評定衆には義政の連署昇任と三善倫長《みよしともなが》の死去をうけて、名越公時・宇都宮景綱・大仏宣時《のぶとき》が昇格した。蒙古襲来直前の幕閣は右の人たちだった。

二月騒動の亡霊と得宗被官

時宗が没してから五カ月たった一二八四(弘安七)年九月、二月騒動で没したはずの時輔とその子息が諸国を徘徊しているとして、幕府はその警戒を諸国の守護に発した。没したはずの人物が生きているとは奇妙な話だが、時輔が二月騒動後に逐電《ちくでん》したという噂は『保暦間記《ほうりゃくかんき》』▲『興福寺略年代記《こうふくじりゃくねんだいき》』▲にもみえていて、広く語られた話だった。

二月騒動は、寺院の説教でも語られたようだ。幕府から追放された梶原《かじわら》氏の末裔《まつえい》で尾張国《おわり》長母寺《ちょうぼじ》の無住《むじゅう》は、『沙石集《しゃせきしゅう》』にこんな話を記している。

文永年中に首を刎ねられた武士のなかの一人のことだ。去年の二月十七日

▼『**保暦間記**』　一一五六(保元《ほうげん》元)年の保元の乱から一三三九(暦応《りゃくおう》二)年の後醍醐《ごだいご》天皇の死去までを扱った史書。署名は「保元」「暦応」の年号に由来する。

▼『**興福寺略年代記**』　興福寺で作成された年代記。年号・天皇を編年的にならべ、興福寺別当などの役職者を記し、南都《なんと》を中心に事件などを略記している。

の申《さる》のときに、罪のない者の頸を斬ったが、斬られた者の恨みや憤懣《ふんまん》を思った報《むく》いだろうか。「翌年の同月同日、同時に斬られる」と申したということだ。これほどのことは申すにおよばない。報いるべき仏法の道理を深く信ずるべきである。やがて、「むくいなければ」「罪がなくなる」など思ってはならない。前世の罪も懺悔《ざんげ》すべきだ。いまさら、どうなろう。
鎌倉での話を知って悟りの問題と絡めて記したのだろう。

無住は、得宗被官の得宗への絶対的従属について、時頼に仕えた女房のことも記している。話はこんなものだ。女房は自分でつまずいてできた疵《きず》を、「息子にぶたれた」と時頼に嘘《うそ》をついた。時頼が息子を問い詰めると、息子は「本当に打ちました」と答えたので、所領を取り上げて流罪にすると決めた。所領没収が伝えられると、女房は腹立ち紛れに嘘をいったと白状して勘当を解いてもらうよう時頼に上申した。時頼が息子を問い質すと、息子は「母が息子がぶったといっている以上、事実を述べると私も罪に落ちることになります。母を嘘つきにするわけにはいきません」と答えた。時頼は忠節の者として赦し、別の所領をあたえた。息子にとって、真実を語れば親である女房が罰せられ、罪は自身にもおよぶというのである。

得宗の命令があれば罪のない者も殺し、無罪とわかれば討った者も斬られる。これを斬る者もまた得宗被官である。一二八五(弘安八)年に安達泰盛が討たれた霜月《しもつき》騒動で縁座した北条顕時《あきとき》に仮託された書状には、二月騒動以後の一〇余年は「薄氷《はくひょう》を踏むが如《ごと》き」状態だったとある。二月騒動の過酷さを掻き消すことのできない記憶が、時輔徘徊の噂《うわさ》を生んだともいえよう。

時宗政権下の御家人

御家人は、頼朝《よりとも》と主従関係を結んだ東国武士を核に、西国などでは守護の催促に応じた武士を含んでいた。御家人の名簿は時期を区切って作成・更新されたが、時頼の建長《けんちょう》年間(一二四九〜五六)ころには固定されるようになった。御家人の帳簿には一二七五(建治元)年の京都六条《ろくじょう》八幡宮造営注文がある。火事で罹災した同社の再建費用の拠出分を確認するため、政所《まんどころ》▲の帳簿が使われた。注文には、負担者に「跡《あと》」表記が多数みられ、旧来の知行者が固定された帳簿を使用していた。一二六九(文永六)年、六波羅探題は若狭《わかさ》国の御家人若狭忠清《ただきよ》に

▼**政所**　将軍家の文書作成や財務を担当した機関。政所の別当は北条氏が独占し、執事は二階堂氏が世襲した。

京都大番役を命じたが、役賦課は「関東御注文」の若狭忠季《ただすえ》の「跡」を基本にしていた。造営注文の方法と共通し、固定された幕府保管の帳簿が賦課の際の基本帳簿とされたのである。

総額六六四一貫文《かんもん》の費用を負担した御家人は、「鎌倉中」「在京」と国ごとに分類されている。「鎌倉中」は鎌倉、「在京」は京都、諸国分は本貫《ほんがん》の国に居住する御家人だった。「鎌倉中」は全体の七割近くを拠出し、最大は時宗で五〇〇貫文。連署の義政が三〇〇貫文、政村の分が二〇〇貫文、名越氏が二〇〇貫文、実時が八〇貫文、足利氏が二〇〇貫文、安達泰盛が一五〇貫文。伊豆国は土肥《どひ》氏ら七人、いずれも五貫文以下。相模《さがみ》国は三三人、渋谷・山内《やまうち》氏が二〇貫文、それ以外はほとんどが四〜六貫文で、頼朝側近の梶原景時《かげとき》を先祖とする梶原上野《こうずけの》入道《にゅうどう》跡分も五貫文。「在京」と諸国分も同様で、国御家人のすべてが一〇貫文以下という国が多数にのぼる。相模国を本貫とする御家人は酒匂《さかわ》・海老名《えびな》氏らが「在京」と相模国に、小早川《こばやかわ》・波多野《はたの》・俣野《またの》氏は「在京」にみえる。二つの拠点に分化したり、本貫地から移っている。肥後国人吉《ひとよし》荘の相良《さがら》氏も遠江《とおとうみ》国にみえない。拠点を移し、移った先の国で掌握される御家人になったのだろう。

一方、造営注文にみえる御家人は但馬国は二人だが、一二八五(弘安八)年の但馬国大田文《おおたぶみ》には多数みえ、一二七一(文永八)年、時宗が証判を加えた但馬国御家人の鎌倉北御門《きたみかど》の宿直《とのい》証明文書には地頭・御家人ら一〇人がみえる。但馬平三郎《へいざぶろう》入道・牧田又太郎《まきたまたたろう》は地頭、比治刑部《ひじぎょうぶ》左衛門尉は公文《くもん》で御家人だった。時宗が確認した人物が建治の注文にみえない一方、現地には多くの「御家人」がいた。特権的階層の多い「鎌倉中」と国御家人には身分的格差があり、地方には幕府の名簿にも記載されない「御家人」がいた。「御家人」は、幕府・国レベルで掌握される対象が異なる多層的な集団に変わっていた。

御家人所領の保全政策と泰盛

一二六七(文永四)年、幕府は御家人所領の保全のため法令を発布した。(1)離別した妻が前夫の所領を確保したまま再嫁した場合、その所領を召し上げる、(2)所領の質入・売買を禁止し、本物《ほんもつ》▲を弁償して旧に復する、(3)他人への贈与を禁止する、というものである。三年後、(2)(3)は煩雑を理由に破棄された。この間、備前《びぜん》国では御家人職綱の所領で非御家人や凡下《ぼんげ》▲に買得《ばいとく》された分が職綱に安

▼**本物**　物権の売却代価。

▼**凡下**　侍身分以外の一般の人びと。

堵されている。得宗領でも類似のことがみえる。時宗は駿河《するが》国賀島《かしま》荘三社《さんしゃ》別当職を安堵する際、供僧《ぐそう》職の売買を禁止し、供僧の「器量」を重視した。幕府は役負担にたえる基盤の維持をめざしていた。

右で煩雑とした理由には、質物の受取り方、二〇年間知行《ちぎょう》すれば占有者の権利となる年紀法《ねんきほう》、御家人がもつ本所領の所職《しょしき》などが問題だった。翌年七月一日、質物や本銭返《ほんせんがえし》・永年買徳地《えいねんばいとくち》は本物《ほんもつ》・本銭の返済で復活できる、また、本所領の御家人知行分は幕府が関与できるとしたが、三日後には売買・質入の所領に年紀法の適用を認め、本所の所職を御家人がもつことで起こる相論は事情によって判断すると変更した。八月十日には、質券地《しちけんち》について債権者側が本物の受取りを拒むことについて、本物を弁済しない場合には作毛《さくもう》は本主《ほんす》▲の権利に属し、本物を弁済していれば旧来の知行主に権利があると認めた。御家人の権利を維持する政策を基本としつつ、短期間に変更が繰り返された。

(2)の法令は御家人を基本としたが、八月十日の法令で「本主」に範囲を広げた。実際、紀伊《きい》の御家人保田宗業《やすだむねなり》は京都の屋敷の取戻しを要求した際、「京都の屋敷に他人をすえるのは古今《こきん》の例」と主張した。屋敷は武家の枠外の人物に譲渡

▼**本主**　本来の知行主。

▼置文　現在から将来にわたって守るべき事柄を記した文書。

したり売却されたりもしていて、売却地の取戻しは現実には困難をきわめていた。他人への贈与の実態が複雑になっていて、認定作業が煩雑だったのだろう。一二七二(文永九)年十二月、他人への贈与について、永年の懇意な人間関係による贈与について契約があれば認可するとし、契約が不明確な贈与地は没収するとした。幕府は、他人への贈与の全面的禁止から実態をもとに判断する姿勢に転じた。この法令は、泰盛をとおして引付頭人に伝達されている。泰盛は実態が文書で確認できれば容認する立場を代表し、引付頭人に指示する立場にあった。このころ、源《みなもとのさねとも》実朝室の坊門信清女《ぼうもんのぶきよのむすめ》は、大通寺《だいつうじ》とその所領にわずらいが発生した場合は泰盛をとおして将軍に上申《じょうしん》せよと置文《おきぶみ》▲に記した。泰盛は、安堵にかかわる将軍の意思を引付頭人に伝える立場に立っていた。

大田文の作成と在地社会

一二七二(文永九)年十月、幕府は全国の守護に国内の神社・仏寺・荘園・公《こう》領《りょう》などの田畠の数量と領主の名前を記した大田文の作成を命じた。得宗時宗が守護だった若狭国では、同年十一月、時宗が袖判《そではん》をすえた内管領《うちかんれい》平《たいらのよりつな》頼綱の奉書が守護代渋谷経重《つねしげ》に発せられ、瓜生《うりゅう》荘の脇袋範継《わきぶくろのりつぐ》のもとには三月に届いた。現地に届くのに五カ月を要した。大田文作成は軍役《ぐんやく》や公事《くじ》の賦課に必要な台帳を整備することが目的だったが、その作成には面倒な問題が伏在していた。

大田文に類似する帳簿には、出雲杵築社《いずものきつきしゃ》の前年十一月の関東御教書がある。杵築社の相撲《すもう》の頭役《とうやく》▲は、一番二六〇町前後を基準に二〇番で編成され、荘園・公領ごとの田数と地頭の名が記されている。制定目的は、華美な行事が住民への課役増加になっていることを止めることにあった。幕府は守護の佐々木泰清《ささきやすきよ》らに命じて役の適正化をはかった。その際、京都の相撲人のかわりに国内の相撲人を雇うように命じて禄物や交通費を軽くすることが重視された。倹約の励行で御家人役の在地賦課を漸減し、住民生活の安定化をはかるものだった。

この御教書には出雲国内の荘園・公領の田数と地頭らの名が記されており、鎌倉に同国の帳簿があった。大田文の作成命令は、以前の帳簿では不十分と認識していたのだろう。一二七三(文永十)年八月、幕府は少弐資経《すけつね》に守護国の豊《ぶ》前《ぜん》・筑前・肥前・壱岐《いき》・対馬の御家人の調査を命じ、悪党の処理もこれに含めた。証拠文書、質券・売買地の相伝《そうでん》関係を調べ、領主と所領の規模を報告する

▼**頭役**　神事を奉仕する義務のある者が担当する役。

▼**関東御公事**　鎌倉幕府が御家人らに賦課した役の一つ。内裏造営など臨時的な経済的負担をともなう場合が多く、幕府財政の柱となっていた。

よう求めた。翌年正月には安芸《あき》国守護武田信時《たけだのぶとき》にも同様の内容を伝えている。調査は遅滞していた。在地では、関東から入部した地頭のほかに旧来からの国御家人がおり、所領は質入・譲渡により複雑化していた。大田文の作成は、悪党の排除も狙ったものであることをみると、在地の抵抗と実務上の困難さを示している。安堵対象の土地の権利は御家人らが提出する証文によって確認するほかなく、証拠文書を多数書き上げる者も出現した。一方、若狭国では宮河《みやがわ》乗蓮《じょうれん》のように関東御公事《みくうじ》▲をつとめて守護代から「御家人」とされた者もいた。過去と現状の引合せには、さまざまな困難があらわれていた。

事態の深刻さを認識したのだろう。一二七四(文永十一)年、幕府は他人への譲渡をさらにみなおした。そこでは、御恩《ごおん》・私領の譲渡禁止を示したうえで、兄弟・叔父・姪の親類への譲渡、遠い親戚を養子にした場合の譲渡を認めた。

文永の蒙古合戦

フビライは一二七一年に国号を「大元《たいげん》」と改め、一二七三年四月に済州島《チェジュド》で元に抵抗していた三別抄を壊滅させた。十二月に高麗で兵粮《ひょうろう》の調査を行った。日

竹崎季長の危機(『蒙古襲来絵詞』部分) 破裂する「てつはう」が投げられ、馬を射られた季長の命も危ないところに、肥前国御家人白石通泰が駆けつけ、命拾いをした。

本遠征用の戦艦が建造され、一二七四(文永十一)年六月には九〇〇艘が完成した。十月三日、遠征軍は高麗の合浦《がっぽ》を出発した。五日に対馬、十四日に壱岐、十六・十七日に平戸《ひらど》などを襲撃した。蒙古襲来の報《しら》せは十七日に六波羅探題から朝廷に報告され、使者は十八日に鎌倉に向かった。京都・鎌倉間の早馬の例からみて、鎌倉に一報が届いたのは二十日すぎだろう。

十九日、博多湾にあらわれた蒙古軍は、翌日、西部の今津《いまづ》・百道原《ももちばる》に上陸した。日本軍は鎮西奉行の少弐資能《すけよし》・大友頼泰《よりやす》が指揮した。蒙古軍の戦法は日本人に経験のないもので、銅鑼《どら》・太鼓《たいこ》を打ちならし、毒矢を雨のようにふらせた。一騎打ちで戦おうとする日本の軍勢は集団戦法にとまどった。蒙古軍は高台の麁原《そはら》に陣取り、集団でよせ、撤退するときは火薬弾を爆発させて煙幕を張った。誘引され深田《ふかだ》にはまり討たれる騎馬武者もいた。少弐景資《かげすけ》は、蒙古の将軍の一人を討つ軍功を立てたが、戦況は不利で大宰府《だざいふ》に撤退した。筥崎《はこざき》八幡宮の祠官《しかん》たちは、神体を神輿《しんよ》に乗せて宇美《うみ》宮に避難した。一夜明けて水城《みずき》から見渡すと、博多湾に蒙古軍の姿はなかった。撤退した蒙古軍は、帰還の途上、暴風雨にあい多くの兵士を失った。

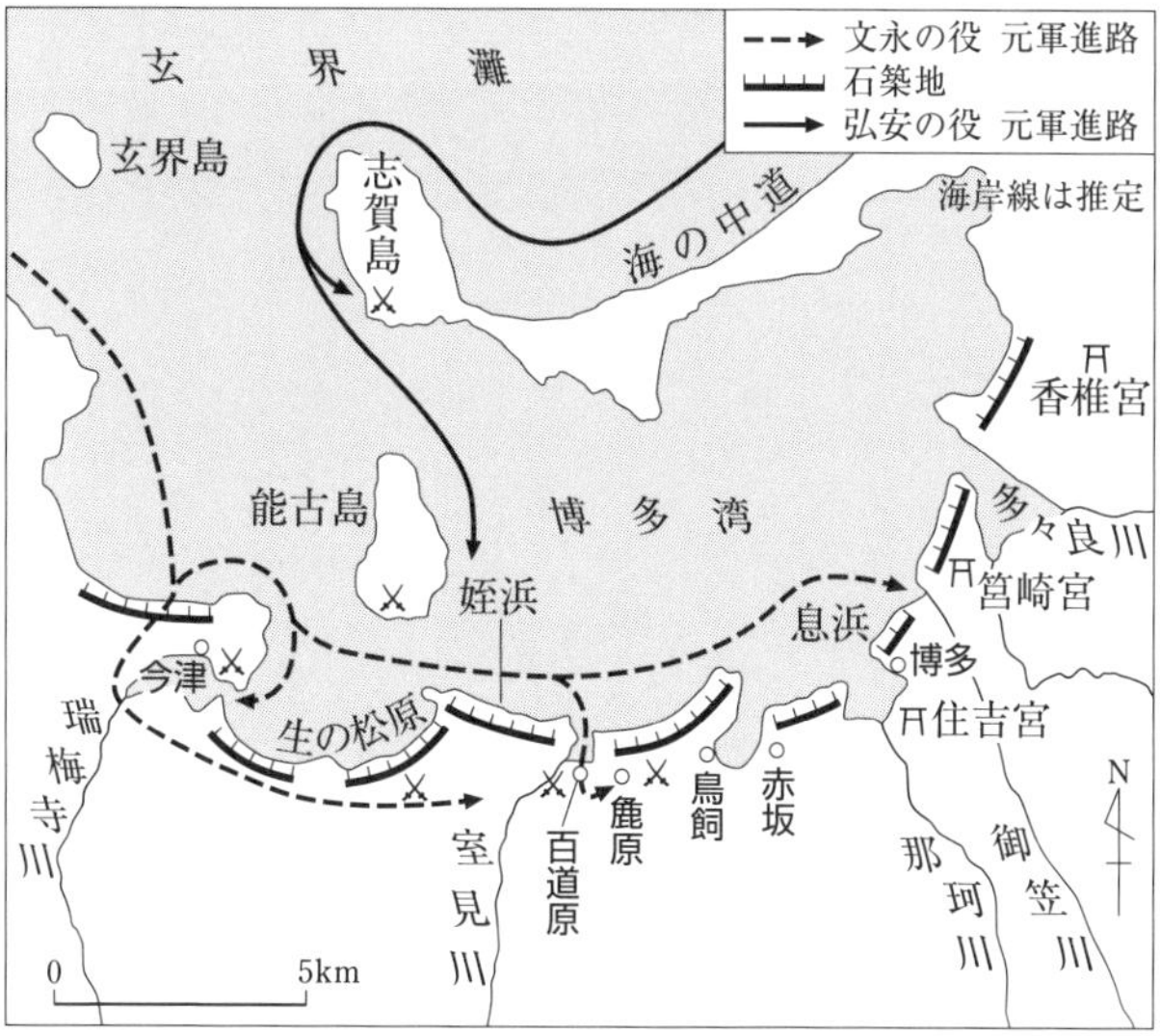

蒙古襲来関係要図　五味文彦『大系日本の歴史５　鎌倉と京』より作成。

恩賞がくだる(『蒙古襲来絵詞』部分)　季長は将軍より肥後国海東《かいとう》郷地頭職を拝領する下文《くだしぶみ》を賜り，さらに安達泰盛から黒栗毛の馬と小巴《こどもえ》の鞍《くら》をもらった。

文永の蒙古合戦のようすを伝えるものは、右にみた『八幡愚童訓《はちまんぐどうきん》』▲とともに肥後の武士竹崎季長《たけざきすえなが》▲が作成した『蒙古襲来絵詞《もうこしゅうらいえことば》』がある。永仁《えいにん》元(一二九三)年二月九日の奥書があるが、改元は八月五日。この年四月に平頼綱の追討が行われており、季長に恩賞《おんしょう》をあたえた泰盛らへの報恩の思いから書き込まれた現実にない年号だった。『蒙古襲来絵詞』には竹崎季長の行動が記されている。合戦の日、季長一行は、箱崎から博多の北側の突端部にある息浜《おきのはま》に向かった。息浜の砂丘には少弐景資が陣取っていた。湾をみわたす砂丘に陣所《じんしょ》があった。季長らは西に向かい赤坂《あかさか》で蒙古軍を撃退した菊池武房の軍勢とであい、鳥飼《とりかい》に向かっていった。季長は馬を射られて落馬したが、白石通泰《しらいしみちやす》らが後方からかけつけて蒙古軍が麁原に退いたために助かった。季長に敵を討ち取る軍功はなかった。しかし、奮戦したことは白石通泰や少弐景資がその証言者となるはずであった。

防備体制の再編と時宗の権限強化

蒙古襲来の報せをうけ、一二七四(文永十一)年十一月一日、幕府は鎮西奉行に非御家人でも軍功があれば恩賞を給付する旨を伝え、安芸国守護武田信時に

▼**『八幡愚童訓』**　鎌倉後期、石清水八幡宮の祠官の作ともいう。八幡神の霊験《れいげん》や功徳《くどく》などを記した書物。

▼**竹崎季長**　一二四六〜?年。肥後国の御家人。蒙古襲来に際しての合戦に従軍し、その内容を『蒙古襲来絵詞』に描かせた。

は御家人と本所・領家《りょうけ》の一円地の住人を防御に動員できる旨を指示した。幕府は自身の基盤を広げた。合戦後、防備体制の再編が緊急課題となった。鎮西では翌年二月に警固の結番《けちばん》を定めた。春(筑前・肥後)、夏(肥前・豊前)、秋(豊後・筑後)、冬(日向《ひゅうが》・大隅・薩摩)に割り振り、三カ月ごとに九カ国が各別で勤番する体制をしいた。警戒心は軍備の更なる強化に進んだ。四月、元使杜世忠《とせいちゅう》が長《なが》門《と》国室津《むろつ》に到着すると、大宰府を経由せず鎌倉に護送した。九月には杜世忠らを鎌倉龍ノ口で斬首した。この間、五月には長門国の警固に長門一国のみでは不足として周防《すおう》・安芸・備後の四カ国による結番制とした。さらに、門司《もじ》・赤《あか》間《ま》などの関手《せきて》▲を停止し、軍船の移動の手間を省く方針を示し、九州から瀬戸内への入口を一括して防備体制に組み込んだ。この政策は翌月には西国の新関《しんぜき》・河手《かわで》▲などの停止に進んだ。軍事的要請が、西国の交通政策のあらたな変更に結果していった。

恩賞の給付は、兵員として合戦に出向いた武士と異国征伐《せいばつ》の祈禱に励んだ寺社が対象となった。戦功認定は鎮西奉行の責任で行われた。その際、合戦での行動が問題となった。一二七五(建治元)年七月、幕府は鎮西奉行大友頼泰に合

▼**関手**　関所《せきしょ》の利用料・通行料。

▼**新関・河手**　新関はあらたに関を設けること、河手は川舟の往来に課税した税。

▼**関東寄進状**　将軍の意を受けた体裁で土地を寄進する際に発給された文書。

▼**将軍家政所下文**　将軍家の政所の成員が、別当を筆頭に連名で署判して発給した証文。

戦に際して戦闘に加わらなかった者や境界を守るといって動かなかった者の存在を確認し、「不忠」にあたるとして今後は厳罰に処する旨を令達した。恩賞のための線引きを意図したのだろう。恩賞は寺社から開始され、同年十月、時宗が単独で加判した関東寄進状《きしんじょう》▲で伊勢神宮に桑名神戸《くわなかんべ》を寄進、宇佐《うさ》宮に到津《いとうづ》・勾《まがりかね》金荘地頭職が給付された。一方、武士へは時宗の花押《かおう》が署された将軍家政所下文《くだしぶみ》▲が肥前国の山代栄《やましろさかえ》に発給された。九月まで御教書などに時宗とともに署判していた連署塩田義政は関東寄進状にその署名すらみられず、時宗が「従《じゅ》五位上《ごいのじょうこう》行相模守平朝臣《あそん》時宗」と丁寧をきわめたスタイルで署名している。また、将軍家政所下文には、義政を含めた職員全員の名が書かれながら義政の花押はない。義政が、署判を再開するのは翌年閏三月である。不安定さを残しつつ、時宗を頂点とする政治体制に移行した。

日蓮の得宗時宗批判

佐渡に流されていた日蓮は、一二七四(文永十一)年二月に赦免《しゃめん》されても、なお得宗への批判を展開していた。

赦免前後の日蓮の時宗への考え方をみると、⑴杜世忠殺害は「罪のない使者」の殺害にあたる、⑵龍ノ口法難と佐渡流罪は日本国の王の道理をわきまえた時宗でさえ救国を主張した日蓮を死罪に処そうとした、⑶二月騒動は日本国の固めとなる大将の殺害にあたるといい、時宗を「王」と認識しつつ権力行使の仕方は道理にあわないと批判した。さらに、得宗権力を支えている得宗被官を束ねる内管領平頼綱への批判も手厳しい。日蓮が頼綱に対峙した態度は、和田《わだ》義盛《よしもり》・三浦泰村の子や平将門《まさかど》の郎従《ろうじゅう》と等しいという。罪もないのに主人と同罪とされた者への共感があった。子や郎従に罪はないはずだから、杜世忠の立場も同様との視点に連なるのだろう。

三月に鎌倉に帰った日蓮は、四月八日に頼綱と面会した。面会の日が釈迦《しゃか》誕生にちなむ仏生会《ぶっしょうえ》の日にあたるのは興味深い。どちらがその日を指定したかはわからないが、当日、鎌倉の寺院は法会ではなやかだったはずだ。頼綱はさまざまなことを日蓮に質問した。その一つは「蒙古がいつ攻めてくるか」だった。日蓮は「今年攻めてくる」といい縷々《るる》自説を述べた。その理由は蒙古に攻め残された人びとを救いたいという思い、時宗の分国《ぶんこく》駿河国、なかでも得宗領賀島《かしま》の日蓮帰依者の保護を意識しての発言だった。また、蒙古が現実に攻めてきたことが日蓮自身の主張を裏打ちしたとしての再度の主張の展開だった。

日蓮への弾圧は時宗が日蓮を憎んでいるからとするが、それを実体化しているのは平頼綱を頂点にした得宗被官という認識だった。「わずかの日本国なれども、さがみ殿《（北条時宗）》のうち《（内）》のものと申をば、さうなくおそ《（恐）》るる事候」の言は、時宗の威勢をバックに活動する得宗被官の姿を端的に表現している。一二七八（弘安元）年に日蓮門徒が弾圧された熱原《あつはら》法難では、「守殿《（時宗）》の御をん《（恩）》にてすぐ《（過）》る人々か、守殿の御威をかり《（借）》て、一切の人々ををどし《（威）》、なやまし《（悩）》、わづらはし《（煩）》候」と記している。得宗支配の場で法流の拡張を行っていただけに影響は深刻だった。日蓮にとって、時宗の権力は圧倒的で、それを支える得宗被官の頂点が平頼綱、得宗被官は権力の基盤と明確に認識していた。一二七七（建治三）年の書状には時宗を「日本国の主」としつつ、一族との確執から千万年と栄えるものではないと、冷静に判断していた。

▼**御恩奉行**　将軍が御家人へあたえる恩賞の実務を担当する役職。

▼**少弐経資**　一二二九〜九二年。資能の嫡子。筑前・豊前・肥前・壱岐・対馬の守護。霜月騒動後に設置された九州統括のための訴訟機関鎮西談義所《ちんぜいだんぎしょ》の頭人をつとめた。

鎌倉への出訴の道程

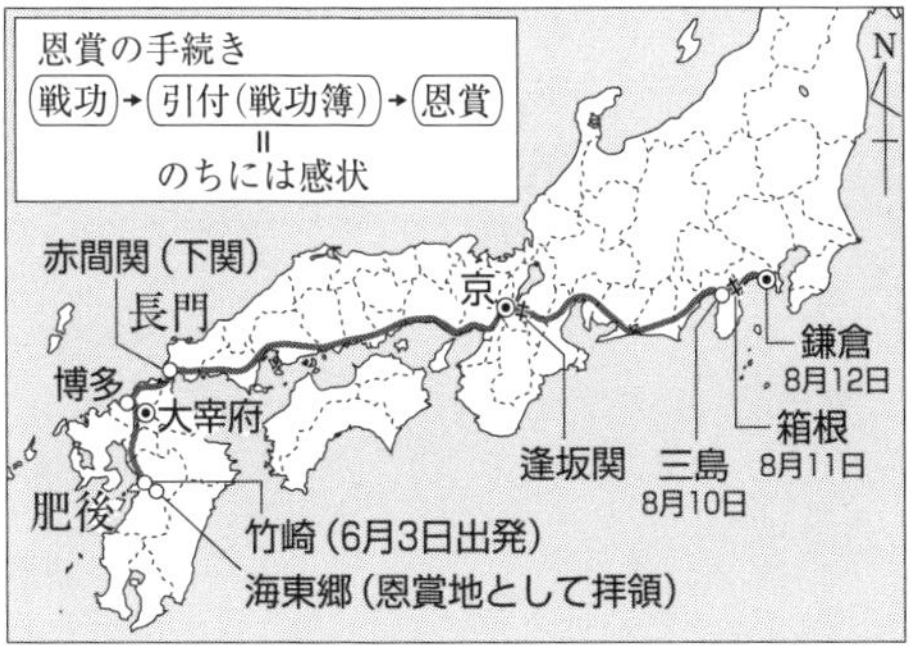

御恩奉行安達泰盛

蒙古襲来の恩賞の手続きは、『蒙古襲来絵詞』からわかる。一二七五(建治元)年六月、肥後国の竹崎季長のもとには恩賞の報せがなかった。季長は、意を決して鎌倉に出立《しゅったつ》した。八月に鎌倉に着いて機会をうかがっていたところ、十月三日、御恩奉行▲の安達泰盛と面会できた。『蒙古襲来絵詞』には季長と泰盛の対談のようすが詳細に記されている(カバー裏、五一ページ写真参照)。二人のやりとりには、幕府官僚泰盛と地方御家人季長の立場と人情がかいまみられて興味深いが、その主張のみ記しておこう。

季長は戦功認定を求めて、少弐景資が博多で先懸《さきがけ》し負傷した事実を引付に記録したこと、少弐経資《つねすけ》▲は季長の行動を幕府に報告し将軍が裁断すると発言したことをあげた。泰盛は、戦功の内容にふれて分捕《ぶんどり》・討死《うちじに》の有無を聞いた。これに対し、季長には少弐経資から拝領した負傷を証明した書下(感状《かんじょう》)があるのみだった。恩給は分捕・討死を基本としていた。このため、季長は、先懸を将軍から戦功として認めてもらうこと、自力で所領を維持したい旨を訴えた。十一月一日、異例のことが起こった。季長は泰盛邸に呼ばれて所領宛行《あてがい》を記した将軍家下文を拝領したのである。その際、泰盛は「季長の分は泰盛から直接に、残りの一二〇人分は少弐経資から渡すように」との将軍の言葉を伝えた。

右の内容から恩賞の手続きは以下のようになる。合戦に際しては、戦《いくさ》を指揮する者のもとで、御家人の申告をもとに引付が作成された。戦功は、敵方を討ち取った分捕、犠牲をだした討死、先懸・負傷に分類され、鎮西奉行は分捕・討死の書類を幕府に提出、先懸・負傷は自身で戦功を認める感状を発給した。分捕・討死分は御恩奉行泰盛の管轄下で将軍が決裁し、時宗が署判した政所下文が発給され、御家人に届いたのである。

御恩奉行泰盛の立場を示す文書が島津《しまづ》家《け》文書にある。一二七五年八月二十七日、島津久時《ひさとき》宛に薩摩国伊作《いざく》荘▲・日置《ひおき》荘▲を安堵する旨を記した将軍家政所下文が発給された。翌日、泰盛は「御恩下文」とともに内容を簡略に記した書状をそえて下文を久時に発送した。受け取った久時は泰盛に返状を送り、十二月十日、泰盛はそれに対する礼状を送っている。下文は、将軍裁可後、政所下文に時宗が花押を記して泰盛のもとに送られ、泰盛は政所下文に書状をそえて久時に送付していたことになる。将軍と御家人の恩給関係を証明する文書の申請・送付

▼伊作荘　薩摩国伊作郡（現、鹿児島県日置市）所在の近衛《このえ》家《け》領荘園。地頭は島津氏。地頭と下司《げし》の相論により下地中分《したじちゅうぶん》を行った「伊作庄内日置北郷領家地頭下地中分絵図」で知られている。

▼日置荘　薩摩国日置郡（現、鹿児島県日置市）所在の荘園。日置郷から成立し、日置北郷の三〇町は宇佐弥勒寺《みろくじ》領、七〇町は摂関《せっかん》家《け》領で地頭と相論対象となっていた。

にかかわる接点に御恩奉行安達泰盛がいた。

建治の幕閣人事と泰盛

一二七五(建治元)年五月、一番引付頭人実時が病により六浦《むつら》に隠居した。翌六月には、四番引付頭人の時広が没した。その欠を埋めるため、七月に四番引付頭人には名越公時が補充され、引付衆には佐々木時清《とききよ》、二階堂義賢《よしかた》・頼綱《よりつな》・行景《ゆきかげ》の四人が加わった。十二月、六波羅探題は二月騒動後は義宗一人だったが、補充するために佐介時国《さすけときくに》が上洛《じょうらく》した。一三歳の時国には七九歳の祖父時盛が後見としてつけられた。さらに六波羅評定衆に引付衆の伊賀光政・二階堂行清・町野政康が上洛した。西国支配の強化が目的だった。翌一二七六(建治二)年十月、実時が没したがその補充はされなかった。実時の隠居から一年半ほど、引付頭人の実質は時村・宗政・公時・泰盛の四人となった。

この間、評定衆に業時と矢野倫経《やのともつね》・佐藤業連《さとうなりつら》が昇格したが、業連は引付衆をへない抜擢だった。倫経・業連は吏僚系の人物で、以後、時宗政権下の評定衆の末席に位置づけられた。業連は、一二八四(弘安七)年には得宗公文所連署奉

▼**『建治三年記』** 問注所執事の太田(三善)康有の日記。自身の日記から建治三(一二七七)年の主要部分を抄出したもの。幕府内部の動向を記して貴重である。

▼**『公文翰林抄』** 伊勢神宮の祭主発給文書を収録した公文様式集。『三重県史 資料編 中世1』に収録。

書の奉者に平頼綱・諏訪盛経《すわもりつね》とともにみえ得宗被官だった。矢野倫経は霜月騒動に連座して幕閣を去ったとみられ、泰盛らとの関係が近かろう。問注所執事《しつじ》太田康有《おおたやすあり》の日記『建治三年記』▲には、時宗の主催する寄合のメンバーがみられる。十月二十・二十五日は時宗・康有・業連・頼綱、十二月十九日は時宗・泰盛・康有、二十五日は泰盛・康有・頼綱・諏訪真性《しんしょう》である。寄合では、評定にかける前の申合せ、評定後の内容確認が行われている。康有は事案の奏上や文書の調進にかかわっていた。責任ある者の下に仕える者は、ほかの誰よりも秘密を知る。康有・業連はそれにたえる人物だったのだろう。

九月、泰盛の弟時盛は遁世《とんせい》して寿福寺にはいり所領を没収された。一二八五(弘安八)年六月に没した際、時宗夫人の潮音院《ちょうおんいん》殿や泰盛らの兄弟は「義絶」により喪に服しなかった。義絶を決めたのは泰盛とみてよい。泰盛の立場は、伊勢神宮の文例集でもある『公文翰林抄《くもんかんりんしょう》』▲にみえる。書状の宛先を北条氏一門宛の場合は「謹上《きんじょう》」を略して「恐々謹言《きょうきょうきんげん》」、「城介《じょうのすけ》」(泰盛)宛は「謹言」としていたが建治年間(一二七五〜七八)には「恐々」を付加したとある。泰盛は北条氏一門なみに扱われるようになった。泰盛は、幕府の公的側面では評定衆・引付頭人・御恩奉行、得宗の側では寄合衆。この時期、連署の塩田義政は一二七六年六月の関東御教書に署判を加えたものの、またも時宗の単独署判に変わった。泰盛は連署の実質不在のなかで政権の要人となっていた。

西国守護交代と異国征伐

一二七五(建治元)年末、幕府は西国守護を大規模に交代させた。東大寺の凝《ぎょう》然《ねん》『梵網戒本疏日珠抄《ぼんもうかいほんしょにちじゅしょう》』▲の紙背文書の一つに九カ国分が記されている。村井章介氏らの考証により新守護・旧守護を示すと、北条宗頼《むねより》(長門：二階堂行忠、周防：藤原親実《ちかざね》)、塩田義政(筑後：大友頼泰)、塩田朝房《ともふさ》［カ］(石見《いわみ》：伊藤三郎左衛門《いとうさぶろうざえもん》)、北条実時(豊前：少弐資能)、名越宗長《むねなが》(能登《のと》：不明)、安達泰盛(肥後：少弐資能)、吉良満氏《きらみつうじ》(越前《えちぜん》：後藤基頼)、佐原経光《さはらつねみつ》(伯耆：北条時輔)、ほかに播磨《はりま》・備中《びっちゅう》が時宗にかわった。北条氏一族と泰盛らへの意図的ともいえる交代だった。従来からの守護人の力を削いで北条氏の分国を拡大した。以前の守護の交代と異なるのは、同年十一月に実時の子息実政《さねまさ》が「異国征伐」で九州に下向したと伝え、翌年正月、時宗の弟宗頼が長門に下向し、安達盛宗も肥後で活動したよう

▼**『梵網戒本疏日珠抄』** 東大寺の学僧凝然が、戒律書の梵網経について注釈した著作。

に、守護自身やその近親者が直接に現地支配に出向いた点にある。

　この施策は「異国征伐」構想と一体のものだった。一二七六(建治二)年三月、豊後国守護大友頼泰は御家人に所領の規模に準じて船の数量、水主《かこ》・梶取《かんどり》の交名《きょうみょう》、渡海する人物と年齢、兵具を報告するように命じた。御家人には、異国警固の番役の勤務と重なり、負担が重くのしかかった。それでも、御家人はもちろん肥後国窪田《くぼた》荘▲預所《あずかりどころ》僧定愉《じょうゆ》など本所一円地の人物も報告した。肥後国御家人井芹秀重《いぜりひでしげ》の報告書には、鹿子木《かのこぎ》東《ひがし》・西《にし》荘▲の賦課田数が「図田《ずでん》」によるとあり、五町余は闕所《けっしょ》となり大窪《おおくぼ》四郎《しろう》兵衛尉《ひょうえのじょう》に宛行われ、二一町余は執行《しぎょう》代の右衛《うえ》門尉《もんのじょう》宗平《むねひら》に押領《おうりょう》されたとある。はからずも大田文作成命令の意図が「異国征伐」命令で透ける形となった。博多湾岸に築く石築地《いしついじ》の国ごとの配分帳簿の作成も命ぜられ、八月には大隅国の分が守護代と国衙留守所《こくがるすどころ》の共同で作成された。戦時体制の強化は、在地把握に恰好の機会をあたえた。

　異国船の入口となる赤間・門司関をかかえる下関《しものせき》海峡は防備の要だった。幕府はその警備に山陽《さんよう》・南海道《なんかいどう》の御家人の子息をあてることとし、御家人とともに本所一円地の住人も動員した。安芸国井原《いはら》村(現、広島市)の地頭のように神《しん》

▼**窪田荘**　肥後国飽田《あくた》郡(現、熊本市など)所在の九条家領荘園。預所僧定愉は郎従《ろうじゅう》一人、所従三人、乗馬一疋、兵具に鑓《やり》・腹巻・弓・征矢《そや》・太刀《たち》を準備したことを記している。

▼**鹿子木東・西荘**　肥後国飽田郡(現、熊本市など)所在の荘園。この時期は本家が仁和寺《にんなじ》、領家が堀川家。在地では大友氏の一族詫《たく》摩《ま》氏が勢力を伸ばしていた。

官《かん》だと主張して拒む者もいたが、幕府は根拠がないとしてはねのけ、実態の報告を命じた。門司関では守護所によって「上《のぼ》り船」が差し止められ、浦の船が軍船として徴用されていた。結局、「異国征伐」は実行に移されなかったが、得宗権力は西国の在地の末端まで影響を及ぼすようになっていった。

将軍惟康の「御所」と泰盛邸

将軍御所《ごしょ》は若宮《わかみや》御所にあったが、『鎌倉年代記裏書《うらがき》』▲には一二七六(建治二)年正月二十日に「御所相州館」が焼失したとある。当時、惟康の御所は時宗の館だった。焼失後、時宗の弟宗政邸にはいったが、十二月十五日に焼失した。惟康はどこかに移ったはずだ。

翌年、若宮御所の再建が着手された。島津久経《ひさつね》は持仏堂《じぶつどう》の廊《ろう》用途に二五三貫文を負担しており、全面的な建替えだったはずだ。将軍の仮御所はどこにあったのか、『建治三年記』は将軍邸の所在を記していない。方違《かたたがえ》▲先に宇都宮景綱邸を頻繁に記すのみである。御所の作事は、正月八日に御所西南の門が立てられ、四月二十一日に上棟、七月十九日に将軍惟康が御所にはいることで完了し

▼『鎌倉年代記裏書』 鎌倉年代記は、鎌倉での将軍・執権などを記している。裏にはその年の出来事を記している。

▼方違 陰陽道《おんみょうどう》に基づく居所の移動。忌避《きひ》する方角を避けて吉方に移動したりした。

▼**安富荘**　肥後国託麻《たくま》郡(現、熊本市)所在の王家領荘園。文永の役後に北条時宗の所領となった。以前の知行者は詫摩氏か。

た。前年末の十二月から七月に新御所に移るまで惟康は若宮御所にいなかった。

惟康が再建された可能性のある時宗邸にいたかというと、それはなさそうだ。時宗邸との交渉記事がないからである。六月五日、惟康は泰盛と義兄弟の宇都宮景綱邸に方違した。十三日の記事は有名だ。泰盛は松谷《まつがやつ》の別邸から康有を呼びだした。泰盛は「時宗様から肥後国安富荘《やすとみ》▲の地頭職を拝領したい旨が伝えられたので、下文を送ることとなったが、康有の奉書にせよ」と伝えた。将軍家下文には時宗の署判が必要なので、時宗自身が自分宛に署判することはできないために奉書にしたのだろう。御恩奉行の泰盛の立場を如実に示している。康有は時宗の山内邸に参上し奉書を届けた。時宗は、六月二日の塩田義政の信濃《しなの》善光寺《ぜんこうじ》への出奔《しゅっぽん》の際も山内邸にいた。惟康がいる雰囲気はない。惟康は、某有力者の邸宅を「御所」としていたのだろう。

惟康と評定衆の関係は四月の条にうかがえる。十八日、惟康は景綱邸に方違したが、十九日、泰盛は「御評定」を明日行う旨を告げた。康有は評定衆にこれを伝え、二十日に評定が行われた。夕方、惟康はまた景綱邸に方違している。惟康は「御評定」に出仕後に景綱邸に戻った。評定の場は「御所」となる。若宮御所からさほど遠くはなかろう。泰盛邸には甘縄邸、松谷の別邸、塔ノ辻《とうつじ》の屋形があったが、塔ノ辻の屋形は高橋慎一朗氏の考証に従えば将軍御所に隣接していた。泰盛邸は宗尊《むねたか》時代にも御所近辺であり、当時の引付頭人などの可能性を消去法的に消していくと、「御所」は塔ノ辻の泰盛邸ではなかったろうか。この間、宇都宮時業《ときなり》と泰盛の子宗景《むねかげ》が検非違使《けびいし》に任官されたのも、景綱の方違先と泰盛邸が仮御所とするとそれらの功にむくいたものと推測される。

連署塩田義政の出家・遁世

一二七七(建治三)年四月四日、義政が出家する。『建治三年記』には「出家の暇《いとま》を賜《たまわ》らしむ」とあり、時宗から突きつけられたものだった。義政は公務から退いていたが、三月二十六日に教時の娘が他界した際は時宗とともに喪に服しており、連署の立場にはあった。「出家」は幕閣から退かせるために必要な理屈だったろう。義政ら極楽寺重時流の要職者には義宗と業時がいた。義宗は長時の嫡子で叙位や六波羅探題就任の年齢が父長時とほぼ一致する。前年十二月の六波羅探題からの鎌倉帰還は父の経歴を踏むに十分だった。一方、業時は前年に評定衆に加えられたばかりだった。義政が他の兄弟と異なるのは、母が「家《いえ》女房《にょうぼう》」▲だった点だろう。足利氏の家督継承の例からみると、家女房上杉《うえすぎ》氏の子が家督を継承するのは正室に男子がない場合に限られる。義宗の関東下向は出家を認めざるをえないものだった。

五月五日、幕府は業時の越後守任官を申請した。前年末に死去した実時のあとを埋めるものだった。許可は五月三十日。三週間ほどかかった。同時進行していたのが、義宗の駿河守任官と時宗の弟宗政の武蔵守任官だった。両者の任官は六月十七日。その日、義宗は評定衆に加えられた。義宗の評定衆昇進を前提にした任官だろう。前任の武蔵守は義政。義政は連署就任にあたり駿河守から武蔵守に転じた。業時の越後守任官の時間的経過をみれば、幕府からの「武蔵守」の申請は五月二十日前後に行われていたこととなる。この年十二月には時宗の嫡子貞時《さだとき》が七歳で元服する。時宗が家督を譲られたのは七歳。補佐したのが義宗の父長時。義宗・宗政の任官は、貞時の後見《こうけん》義宗、時宗の後継には宗政の構図を用意するものだった。貞時の乳母夫《めのと》は内管領平頼綱だったから、両人の任官は頼綱らの意向を強く反映したとみるべきだろう。

▼**家女房**　側室。被官の娘などが主家の夫人となった。

五月二十八日、義政は遁世して信濃善光寺に向かった。日蓮は義政が入道したのちに所領や兄弟・妻らをすてて遁世したといっており、義政は世俗の縁を断ち切った。義政の出奔は六月二日に発覚し、「内外仰天《ぎょうてん》」の事態となった。即刻、時宗に報告され、五日には慰留の使者が義政のもとに派遣された。その際、時宗は「定日は二十八日」と伝えた。二十八日までに鎌倉に帰還しない場合はすておくという意味だろう。義政は帰還しない旨を伝えたと思われる。六月、義政は所帯を収公された。一二七五年末に義政が継承していた筑後国守護職は七月四日に宗政に移っている。事件の処理は得宗権力の強化を加速した。

山門紛争の処理にみる評定と寄合

『建治三年記』は、七月の新造御所での評定始《はじめ》以後、時宗邸での記事がふえてくる。時宗邸で康有が指示を受ける相手は平頼綱・諏訪真性らの得宗被官であった。比叡山の紛争解決と六波羅探題の強化をはかる交渉から評定と寄合の機能分担がみえてくる。

七月八日、康有が山内邸に参じたところ、関東申次《かんとうもうしつぎ》▲の西園寺《さいおんじ》実兼《さねかね》からの書

▼**関東申次**　朝廷の鎌倉幕府への窓口となった役職。一二四六（寛元四）年の九条道家《くじょうみちいえ》の失脚後は西園寺氏が継承した。

状が届いた。「六波羅留守」が早馬で届けたものだった。比叡山の青蓮院《しょうれんいん》・梨本《なしもと》両門跡《もんぜき》の争い▲で衆徒《しゅと》が閉籠《へいろう》し座主《ざす》の登山を許さない深刻な事態となっていた。抗争が市中におよべば、鎮圧は探題と在京人があたることになるのに、指示をだす時国は「留守」扱いのままだった。探題に正式に補任されていない時国の処遇は、紛争処理のうえで焦眉の課題となっていた。

　紛争解決のため東使《とうし》が派遣されることになり、七月十二日、二階堂行有《ゆきあり》と宇都宮景綱が決まったが両人が辞退したため、長井時秀《ながいときひで》と二階堂行一《ゆきかず》に決定した。いずれも評定衆で、時秀は一二六四(文永元)年に同様の事件処理のために上洛した経験があった。景綱の辞退は、惟康の方違先だったこともあろう。しかし、二十三日、六月二日に閉籠していた衆徒が退散したことを理由に派遣は中止となった。問題が深刻だったのは、評定衆の佐々木氏信《うじのぶ》の子信賀《しんが》が青蓮院側だったことにある。二十五日の評定では、信賀の問題は内々に親の氏信が伝達することとし、比叡山問題は方針の細目を決定してのち、二階堂行一と康有が使者と会談することとなった。二十七日、二階堂行一と康有は新造なった御所の評定所で青蓮院・梨本両門跡の使者と問答した。しかし、その後も衆徒の争いは

▼青蓮院・梨本両門跡の争い
青蓮院を管領していた道玄《どうげん》は、一二七六(建治二)年に天台座主にのぼった。これに反対した梨本門跡の衆徒が座主らの比叡山への登山を妨害した天台宗内の紛争。

おさまらず、解決に向けてあらたに動き出す。

時宗は、十二月十六日、張本人の捕縛などあらたな方針を示して宇都宮景綱と二階堂行一の派遣を決めた。十九日、六波羅探題に時村・時国をあてるにあたって執権探題となる時村の管轄下の奉行人とその担当内容が泰盛と康有に提示され、二十五日の評定で比叡山問題の処理方針を朝廷に伝える文書が確認された。評定後の寄合には泰盛・康有と平頼綱・諏訪真性が招集され、奉行人の役割分担の変更が示された。幕府の方針は寄合での調整をへて評定で決定し、人事は時宗の意向を寄合で調整し決めていた。評定会議にでない諏訪真性・平頼綱らが加わる寄合に参加する評定衆は泰盛・康有のみ。二人は時宗の諮問に応えて評定会議で時宗の見解を公式なものにする役割を担っていた。

「平等も城等も」

時宗の権限のあり方は、『建治三年記』の義宗の補任記事からうかがえる。六月十七日、時宗が義宗を評定衆に加える意向を示すと、諏訪真性は康有に「御教書」を書くよう命じた。八月に義宗を上野国雑人《ぞうにん》奉行▲に任命したのも同様で、

▼**雑人奉行**　雑人は侍《さむらい》以外の名主《なぬし》・百姓《ひゃくしょう》などの身分にある一般の者をさし、そのあいだで起きる訴訟を担当した奉行。

康有は「御書下」を書き、時宗の「御判」を請うた。御教書・御書下と書き分けられており、御教書は「依仰執達如件」で終る将軍家御教書、御書下は「執達如件」で終る書下だろう。評定衆の補任は将軍の意向を反映し、評定衆から選ぶ雑人奉行の任命は時宗の専権事項だったろう。

評定衆義宗は七月十九日の評定が初参。時宗・宗政につぐ序列三位だった。御所で時宗により食事が供されてのちに評定があり、吉書《きっしょ》▲が宗政・泰盛をとおして将軍に届けられた。二十五日の評定後、時宗は頼綱をとおして評定衆全員が署判する起請文《きしょうもん》▲の提出を求めた。起請文には時宗以下全員が署判したとみられる。これは執権としての権限の範疇に属しよう。時宗は評定会議を主導した。一方、泰盛が使者をつとめた理由は、四月十九日条に「明日、御評定を始行せらるべきの由、城務《(泰盛)》を奉行として仰せ下さる」の一文からうかがえる。「御評定」とは将軍出仕を意味しよう。このことは、六月十六日に時宗が官途の推挙を評定沙汰から御恩《ごおん》沙汰に移し、御恩奉行泰盛の専権事項となったことと関係する。時宗にとって将軍との交渉に泰盛は不可欠だった。なお、二月二日には時宗夫人堀内殿が流産したが、堀内殿の産所は実家の甘縄の泰盛邸だろう。

▼**吉書**　勧農など領主の心構えを記した文書。正月に将軍が吉書に花押を捺す吉書始が行われた。

▼**起請文**　契約などに際して、神仏に違反したらその罰を受けることを誓約して発給する文書。

義宗を連署義政の後継にすえる方針は当初は順調だった。しかし、八月十七日、義宗は急逝する。人事の修正が迫られた。二十九日、引付頭人は一番から宗政・宣時・業時・公時・泰盛となり、二番引付頭人の時村がはずれた。時村の六波羅探題転出もこのときに決着しただろう。頭人の変更による引付奉行人の異動・任命や寄人《よりゅうど》の選定は時宗が行い、前者の交名は引付頭人に渡され、後者の任命は時宗の「書下」によった。選任の経過は不明だが、判明することは、人事内容は山内邸で康有に伝えられたこと、そこにいるのは内管領平頼綱や諏訪真性・佐藤業連であることである。太田康有は、この間、時宗の意向を伝える取次役や右筆《ゆうひっ》の役を担っているにすぎない。評定衆・引付頭人・奉行の人事は時宗の専権事項で、人事の素案にかかわる人物はきわめて限定されていた。一二七九(弘安二)年、日蓮が「平等(頼綱)も城等(泰盛)もいかり(怒)て、此一門をさん〳〵(散々)となす」と批判したのは、右のような状況をさしていよう。

蘭渓道隆像(建長寺)

▼若訥宏弁　一二一七〜九三年。当初は天台僧《てんだいそう》。一二四六(寛元四)年に来朝した蘭渓道隆の弟子となり、肥前国円通寺を禅寺《ぜんでら》にかえた。筑前《ちくぜん》国葦屋寺《あしやでら》などにも住した。

③―泰盛の弘安改革と霜月騒動

別れ去りゆく人びと

西国《さいごく》の支配強化が進んでいた一二七六(建治《けんじ》二)年の春、日蓮《にちれん》は「九州に向かう男は、別れ際に皮がはがれるくらいに顔と顔をすりあわせ目と目とをあわせて悲しんでいる」と書いている。西国に所領《しょりょう》をもつ御家人《ごけにん》が任地に赴く際の別れは、今生《こんじょう》の別れに等しかった。

蒙古《もうこ》襲来に翻弄《ほんろう》された人は多いが、建長寺《けんちょうじ》の開山蘭渓道隆《かいさんらんけいどうりゅう》もその一人だった。来朝僧ということからスパイの嫌疑を受けて甲斐国東光寺《かいのくにとうこうじ》に流された。蘭渓道隆が、一二七七(建治三)年八月、肥前《ひぜん》国の円通寺《えんつうじ》にあった弟子若訥宏弁《じゃくとつこうべん》▲に宛てた書状はなまなましい。「憂うるところは鎌倉《かまくら》は前と同じからず。偽《いつわ》りは真《まこと》たり。真は偽りたり。紙上に申しがたく候」とまでなげき、若訥宏弁の鎌倉下向《げこう》を求めた。時宗の要請で寿福寺《じゅふくじ》にはいったが、それはやむをえざる処置という。蘭渓道隆は時宗の仰せを受けて日本にとどまったことを強調していた。蘭渓道隆の時宗への祈願文には「専《もっぱ》ら祈る、弟子時宗、永く帝祚《ていそ》を扶《たす》け、久しく宗乗《しゅうじょう》を護《まも》る」とあり、時宗を東国《とうごく》の王と仏教の保護者の両面で重視していた。それでも追いやられ、親しかった人びとの冷たい視線にさらされた。

塩田義政《しおたよしまさ》の出家《しゅっけ》・遁世《とんせい》で離ればなれになる一族もあった。義政が出家した翌日の四月五日、相模《さが み》国渋谷荘《しぶやのしょう》▲の地頭《じとう》寺尾重経《てらおしげつね》は時宗に息子の義絶《ぎぜつ》を通告した。重経の子息三人は得宗家《とくそうけ》に仕えていたが、重貞《しげさだ》と頼重《よりしげ》は重経の意思に背いて義政に仕えた。二人の通称が字義どおりなら七男と一一男。わずかな所領と北条氏への出仕が生活基盤だった。五月十二日、義政の使者木島道覚《きじまどうかく》は勘当を解くよう求めた。重経が「義絶は時宗様に伝えたが、御返事は拝領していない」と述べると、木島は「義絶は義政様の意向を踏まえてのことですと謝ればよい」といった。重経はいったんは承知しつつ、木島が「では、重貞殿を呼びだそう」というと、重経はこれを拒否した。重貞との所領相論《そうろん》があって勘当を解くことなどできなかった。十月の重経の置文《おきぶみ》には、「両人が重経の臨終の場にきて赦免《しゃめん》を願うなどしたら地獄に落ちる。時宗様に上申《じょうしん》して硫黄島《いおうじま》・蝦夷島《えぞがしま》に流せ」とまで記している。義政の「御内《みうち》」となったあと一人の重員《しげかず》は、一族相論で狼藉《ろうぜき》を働いたとして身を追われる立場になった。得宗のもとにはいった御家人は、仕え

▼**渋谷荘**　相模国高座《こうざ》郡（現、神奈川県綾瀬《あやせ》市など）所在の園城《おんじょう》寺円満院《じえんまんいん》領荘園《しょうえん》。領家側からの呼称は吉田《よしだ》荘。地頭は、頼朝挙兵を側面から援助した渋谷重国《しげくに》一族で、「渋谷荘」は地頭側からの呼称。寺尾氏はその庶家。

無学祖元像(円覚寺)

▼市舶司　唐《とう》以降の中国王朝の海外貿易機関。元の時代には泉州(寧波《ニンポー》)におかれていた。

▼無学祖元　一二二六〜八六年。臨済宗の来朝僧。無準師範に参禅し、一二七九(弘安二)年に北条時宗の要請で来日し建長寺の住持となり、八二(同五)年に円覚寺の開山となった。時宗らと親密な交流をもった。

違いするなら生きる道を身内からも閉ざされた。

無学祖元の招請と円覚寺の創建

元《げん》の動向は博多《はかた》に寄港する船からもたらされていた。一二七七(建治三)年六月、少弐《しょうに》氏からの使者が鎌倉に参じ、宋が滅び蒙古が支配したことを伝えた。交易に従事する渡宋船は一時的な途絶があったが、元は市舶司《しはくし》▲を泉州《せんしゅう》などの要港に設置して窓を開いていた。

そうした最中、一二七八(弘安《こうあん》元)年七月、建長寺住持《じゅうじ》の蘭渓道隆が没した。その後継の住持を求めて、時宗は十二月に無及徳詮《むきゅうとくせん》らを中国に派遣した。その際の時宗書状は右筆《ゆうひつ》に書かせたものだが、「時宗」の署名の下に「和南《わなん》」と恭敬を意図する二字が書き込まれている。時宗の筆跡が唯一確認されるものである。書状には、禅《ぜん》院の造営を企図し、宋の本格的禅の伝統を継ぐ僧を招きたいとある。交渉の末、令名高かった無準師範《ぶじゅんしばん》の法灯をくむ無学祖元《むがくそげん》▲が来日することとなった。無学祖元は、元の兵に剣を突きつけられた経験をもつ人物だった。翌年六月に博多に着岸し、聖福寺《しょうふくじ》で無象静照《むぞうじょうしょう》が迎えた。無象静照は北条氏一族で、在宋一〇年余の経歴をもち建長寺で蘭渓道隆に仕えた人物だった。鎌倉に着くと、八月二十日、時宗は無学祖元を建長寺住持職に補任《ぶにん》し、翌日、法座に就いた。時宗は無学祖元に教えを請うたが、無及徳詮が通訳として介在した。蘭渓道隆が日本語で書状を書いていたのとは対照的だ。信仰面でも、時宗が無学祖元に禅の命題について解答を文章にして答える公案《こうあん》▲の書き方をたずねると拒み、参禅の重要性を説いた。詞よりも実践を重んじていた。一方、無学祖元は元の状況を時宗に伝えており、時宗に助言をあたえうる貴重な存在だった。

時宗は、やがて建長寺に隣接して円覚寺《えんがくじ》を創建し、一二八二(弘安五)年に無学祖元を住持にした。翌年、寺領に尾張《おわり》国富田荘《とみたのしょう》▲・上総《かずさ》国畔蒜《あびる》荘▲内亀山《かめやま》郷などがつけられた。時宗による将軍惟康《これやす》への許可申請があって将軍家祈禱所《きとうじょ》とするものだった。無学祖元の返状《へんじょう》に「国家」(後宇多《ごうだ》天皇)・「大将軍」(惟康)・「太《たい》守《しゅ》」(時宗)への謝辞があるのはこのことによろう。富田荘の年貢《ねんぐ》の鎌倉への運送にあたっては、尾張国守護《しゅご》中条《なかじょう》氏が宿兵士役《しゅくのへいしやく》▲を在所の地頭に命じた。所領が将軍家御領だったためだろう。この年の円覚寺の寺用《じよう》分を定めた帳簿には時宗の署判と花押《かおう》がある。時宗は寺用分の出納に責任をもつ立場にあった。寺僧

▼**公案**　禅の修行にあたって指針となる内容を問答などの言葉で示すもの。

▼**富田荘**　尾張国海部《あま》郡(現、名古屋市中川区など)の荘園。領家は近衛《このえ》家。地頭職は北条氏得宗家から時宗によって円覚寺に移った。尾張国富田荘絵図で著名。

▼**畔蒜荘**　上総国望陀《もうだ》郡(現、君津《きみつ》市など)の荘園。南北に分かれ、鎌倉前期には和田義盛《わだよしもり》・足利《あしかが》義兼《よしかね》が知行した。亀山郷は南荘に属しており、和田合戦後に北条氏がその所職をえたものであろう。

▼**宿兵士役**　年貢などの物資輸送に際しての警固役。

の食用米の供出を尾張国徳重《とくしげ》の公文所《くもんじょ》に命じた文書は、得宗家執事《しつじ》平頼綱《たいらのよりつな》の奉書《ほうしょ》で時宗が袖に加判している。寺領は実質的には得宗の管理下にあった。

幕府の異国降伏祈禱

一二七九年二月に南宋が滅びると、元は日本再遠征に着手した。泉州など中国南部の港や高麗で戦艦の造船を始めた。六月、フビライは南宋の降将范文虎《はんぶんこ》に命じて使者を派遣したが、博多に着いた使者は斬られた。翌八〇(弘安三)年八月、元は再遠征を決定した。同年の年末、幕府《ばくふ》は「蒙古は明年四月に襲来する」という情報をえていて、御家人らに合戦の準備を命じた。翌八一(弘安四)年、異国降伏《いこくごうぶく》の祈禱が行われた。東大寺大仏殿《とうだいじだいぶつでん》では二月に大般若経《だいはんにゃきょう》の転読《てんどく》が行われた。鎌倉では四月に実施され、その子細は北条経時《つねとき》の子頼助《らいじょ》の修法《すほう》を弟子の元瑜《げんゆ》が記した「異国降伏祈禱記」にみえる。修法の実施過程から将軍惟康と執《しっ》権《けん》時宗の関係がかいまみられる。

四月十四日、将軍惟康が命じて祈禱の準備にはいった。十六日、御所奉行《ごしょぶぎょう》の矢野倫経《やのともつね》が七尊法《しちそんぼう》▲のそれぞれの配役を誰にするかを検討していたところ、頼助

▼**七尊法**　尊法は密教で独立した尊像を対象に行う修法。文中には「七尊法」とあり、愛染王法・如法尊勝法のほかに五種の尊法が組み合わされていた。

は愛染王法《あいぜんおうほう》を担うこととなった。しかし、東密《とうみつ》の有力な僧が承諾の意思を示していない段階で、時宗が「宿老の僧は排除して頼助に参加させよ。愛染王法はなじみの法だから、頼助には『珍法』を修させよ」と意見を述べ、頼助は如法尊勝法《にょほうそんしょうほう》を修することとなった。十八日、倫経の「御奉行奉書」で雑掌《ざっしょう》を北条氏一族の駿河《するが》彦三郎《ひこさぶろう》に命じ、頼助の修法を補佐する伴僧一二人が決まった。十九日、倫経と二階堂行宗《にかいどうゆきむね》は頼助を修法の大阿闍梨《だいあじゃり》に招請する「御修法請定御教書《みすほうしょうじょうみぎょうしょ》」を持参し、元瑜をとおして頼助に届けた。その際、行宗は「時宗様の御教書なので直接に持参しました。壇場《だんじょう》は小御所《こごしょ》になります」と述べた。行宗は元瑜から頼助の修する日時と執行形態の方針を承諾し、受領書を受け取った。

二十日から修法が始まった。唐船《からふね》が日本にきていないため、薬種の調達が困難となっていたが、諸方をたずねてようやく入手した。元との緊迫した関係は、白檀《びゃくだん》などの香薬の入手を困難にしていた。密教《みっきょう》修法は異国の香料抜きにはできない修法だった。二十六日、七日間の修法の結願《けちがん》にあたり将軍惟康に女房をとおして御加持《かじ》の場の選定を上申し御殿南面に決している。二十七日、修法の内容を記した巻数《かんす》が御所奉行をとおして将軍に届けられ、祈禱は終了した。

防塁(石築地)**の前を行軍する竹崎季長**(『蒙古襲来絵詞』部分)

▼津料　港の入港・管理税。

惟康・時宗の立場をみると、修法は将軍の意思が明確になって開始され、御所奉行の評定衆《ひょうじょうしゅう》矢野倫経が担当した。僧の選定に時宗が介入し、僧を招請する文書は御教書だった。結願にあたっての加持祈禱の場は、僧が将軍に女房を介して申請している。執権は将軍の意思決定の壁を超える存在ではなかった。

弘安の蒙古合戦

一二八一(弘安四)年四月二十四日、幕府は津料《つりょう》▲・河手《かわで》をとることを禁止し、その取締りを命じた。蒙古の襲来に備えたのだろう。元軍は、高麗《こうらい》から出航する東路《とうろ》軍、中国南部から出航する江南《こうなん》軍の二編成をとっていた。五月初頭、高麗を出発した東路軍は二十一日に対馬を襲撃し、その報《しら》せは六月一日には京都に届いた。日蓮は六月十六日に弟子に蒙古の襲来を伝えている。この時期に鎌倉でも多くの人びとが知ることとなったろう。

東路軍は壱岐《いき》をへて、六月六日に博多湾の入口の志賀島《しかのしま》に着いた。配備されていた日本軍との戦闘が展開される一方、東路軍の一部は長門《ながと》を襲ったが上陸できず、博多に戻り本隊と合流して壱岐に退去した。『蒙《もう》古《こ》襲来《しゅうらい》絵《え》詞《ことば》』には、

水軍による夜襲（『蒙古襲来絵詞』部分）

博多湾西部の生《いき》の松原《まつばら》付近に築かれた石築地《いしついじ》に菊池《きくち》武房《たけふさ》らが陣取り、その前を竹崎季長《たけざきすえなが》の軍勢が行軍するシーンがある。文永の合戦《かっせん》時とは異なって、防備体制が整っていた。一方、江南軍は六月中旬から下旬に中国慶元《けいげん》などを出航し五《ご》島《とう》・平戸《ひらど》に到着すると、壱岐の東路軍と合流した。戦闘は壱岐・志賀島など諸所で行われた。動員された軍勢の維持も重要で、幕府は六月二十八日に兵粮米《ひょうろうまい》の確保のために鎮西《ちんぜい》や因幡《いなば》・伯耆《ほうき》・出雲《いずも》・石見《いわみ》国の公家《くげ》・本所《ほんじょ》一円領の得分《とくぶん》と富裕者がたくわえている米を供出するよう命じた。また、このころ時宗は、播《はり》磨《ま》国守護に甥の兼時《かねとき》を補任して下向させ、防御を命じた。元軍が瀬戸内海に進入することを防ぐ対策を講じていた。その最中の七月二十七日、元軍は松浦《まつうら》半島沖の鷹島《たかしま》に集結し、博多の攻撃を準備していた。しかし、三十日夜半からの台風で多くの船が沈没する壊滅的打撃をこうむった。日本軍の掃討戦が開始され、翌閏《うるう》七月中旬には終結した。『蒙古襲来絵詞』には、得宗被官《ひかん》合田《ごうだ》遠俊《とおとし》・安藤重綱《あんどうしげつな》が掃討戦を指揮していることや、季長が肥後国守護代安達盛宗《もりむね》の船に乗り移ったあとに小船で元軍と戦うシーンがある。海戦が主体だった。

合戦後、八月に幕府は少弐・大友《おおとも》両氏を大将に高麗遠征を企て、守護国の御家人に大和《やまと》・山城《やましろ》の悪徒を動員しようとした。国内の治安を乱す悪党《あくとう》を異国との合戦に利用するものだった。しかし、九月、計画の中止指令がだされた。指令は、(1)御家人は本拠地にとどまること、(2)捕虜の処分が決定するまで港を往来する船を検分すること、(3)他国からはじめてきた異国人を警戒すること、(4)石築地を修理し異国警固《いこくけいご》番役《ばんやく》をつとめることの四カ条からなる。幕府は、武士の統制を強化し異国人を警戒する平時の防備体制に方針を変えた。

泰盛の陸奥守任官と地位上昇

対外的危機に直面していた一二八〇(弘安三)年、鎌倉は大火にみまわれた。十・十一月には頼朝《よりとも》・義朝《よしとも》らを供養《くよう》する法華堂《ほっけどう》や二階堂の時宗邸、鶴岡八幡宮《つるがおかはちまんぐう》が焼失した。これらの再建は緊急課題で、鶴岡八幡宮では翌年十月に遷宮《せんぐう》が行われた。雑掌が時宗、造営奉行は安達泰盛だった。

人事は、引付頭人《ひきつけとうにん》が宗政《むねまさ》・宣時《のぶとき》・業時《なりとき》・公時《きみとき》・泰盛だったが、一二八一(弘安四)年八月の宗政の死去後に業時・宣時・公時・顕時《あきとき》・泰盛にかわった。業時の上昇は、一二八三(弘安六)年に連署《れんしょ》に就くことからみてその準備だろう。

引付衆には一二八一年に泰盛の子宗景《むねかげ》が補任され、翌年に評定衆にのぼった。引付衆には、泰盛の弟時景《ときかげ》がその欠を埋めるようにはいった。顕時の正室は泰盛の娘で、泰盛の縁者が中枢に急速にはいってきた。さらに、泰盛は一二八二(弘安五)年七月に陸奥守《むつのかみ》に任官され、十月には空席となった秋田城介《あきたじょうのすけ》に宗景が補任された。泰盛の官職の上昇は家督《かとく》継承と連動していた。泰盛の陸奥守補任は六波羅探題《ろくはらたんだい》時村《ときむら》の官職を交代させてのものだっただけに驚きをもってみられた。陸奥守には義時《よしとき》・重時《しげとき》・政村《まさむら》らの北条氏の有力者が任官されており異例に属するものだった。陸奥守任官の背景には、鶴岡八幡宮の造営などの功が考えられよう。

泰盛は宗教界でも地位を高めていく。泰盛は東大寺真言院《しんごんいん》の法爾《ほうに》に帰依《きえ》し、一二八〇年には醍醐寺報恩院《だいごじほうおんいん》流・地蔵院《じぞういん》流を実勝《じっしょう》から氏寺《うじでら》無量寿院《むりょうじゅいん》で伝授された。俗人ながら密教《みっきょう》僧のようだった。密教の保護は、高野版《こうやばん》▲の開板《かいはん》や真言宗の頂点に位置する仁和寺御室《にんなじおむろ》▲とその密教流派である御流《ごりゅう》▲の保護にみられる。頼助も御流を伝授されたが、仁和寺の法助《ほうじょ》が頼助に宛てた置文には聖教《しょうぎょう》の管理や付法は泰盛に相談せよとみえ、泰盛は鎌倉での御流の最大の保護者だった。

▼高野版　高野山金剛峯寺《こんごうぶじ》で印刷された版本。

▼仁和寺御室　「御室」は、九〇一(延喜《えんぎ》元)年に仁和寺内に宇多法皇《うだほうおう》の僧房がつくられたことに由来し、仁和寺の頂点にある人物の呼称となった。

▼御流　真言宗の修法などについて仁和寺御室によって形成された流派。とくに、平安《へいあん》末期の第六代御室守覚《しゅかく》は多数の聖教を遺し、修法を体系化した。

時宗死後の一二八五(弘安八)年四月、観助《かんじょ》が御流を伝授された際の灌頂記《かんじょうき》には、受法は泰盛に相談して決めたとある。一二九八(永仁《えいにん》六)年の仁和寺の益助《やくじょ》による御流伝授では、御流は「武家鎮護」と不可分で執権貞時により認可されたとみえる。時宗の死後、泰盛は得宗に匹敵する立場にあった。

こうした背景があろう。一二八四(弘安七)年には、評定衆に泰盛・宗景、引付衆に長景《ながかげ》・時景、庶家の大曽禰宗長《おおぞねむねなが》・義泰《よしやす》と総数六人。評定衆・引付衆の総数三〇人の五分の一が安達氏一門《いちもん》となった。北条氏一族は八人。時宗最晩年の時期、安達氏一族は急速な地位上昇により北条氏に匹敵する勢力となった。

弘安の対寺社政策

一二八三(弘安六)年四月に業時が連署に就任し、執権・連署がならぶ体制になったのもつかの間、翌年四月四日に時宗が没した。時宗の後継家督は嫡子貞《さだ》時《とき》が継承し、泰盛主導の弘安改革が始まってくる。弘安改革の前段階をみるために時宗死没前の政策をみてみよう。

際立つのは寺社政策である。一つは関東祈禱所▲の認定で、幕府の祈禱要請に

▼**関東祈禱所**　鎌倉幕府の要請に従って加持祈禱を行う寺社。幕府が指定し、奈良西大寺《さいだいじ》の末寺《まつじ》など禅律《ぜんりつ》の寺院が多かった。

応える寺院を指定し所領を保護した。円覚寺・高野山金剛三昧院《こうやさんこんごうさんまいいん》・山城国三《さん》聖寺《しょうじ》などがそれである。金剛三昧院では、一二八一（弘安四）年に「金剛三昧院草創留書《とどめがき》」が作成された。末尾には、時宗が承認した旨を記した下知状《げちじょう》が付属している。留書は金剛三昧院の長老の優越性と安達景盛が北条政子《まさこ》に申請して将軍家菩提所《ぼだいしょ》となった由緒を強調している。関東祈禱所の認定は寺院内秩序の強化の後ろ楯ともなった。一方、実朝《さねとも》養育にかかわった小笠原遠光《おがさわらとおみつ》の娘である大弐局《だいにのつぼね》による金剛三昧院への当初の造営関与は留書ではかき消されてしまった。安達氏と三代将軍の由緒が上昇し、時宗が安堵《あんど》する点が強調されている。

この時期、高野山では町石卒塔婆《ちょういしそとば》▲の造営が行われており、町石が完成した一二八五（弘安八）年の法要での願文《がんもん》には将軍と執権・連署の徳をたたえ、安達氏を大施主《せしゅ》とし供養の対象を政子・時宗・景盛父子・松下禅尼《まつしたぜんに》としている。町石供養が、当初の目的を超えて安達一族を中心とした供養に変わった点をみると、金剛三昧院の関東祈禱所認定の中心に泰盛がいたのはまちがいなかろう。

幕府は蒙古の再襲来に備えて、一二八三年には全国の寺社に異国降伏の祈禱を命じた。時宗自身も鹿島社《かしましゃ》に社領を安堵し、祈禱報告書の巻数の請取状《うけとりじょう》を鹿

▼町石卒塔婆　高野山の参詣道に一町ごとに設置された塔婆。五輪塔《ごりんとう》の形で寄進者名を記す。石材は芦屋市周辺の御影石《みかげいし》で、御影石製石塔では古い事例に属する。

町石卒塔婆（和歌山県伊都《いと》郡）

筑前筥崎宮《はこざきぐう》にかかる亀山《かめやま》上皇《じょうこう》宸《しん》筆《ぴつ》の「敵国降伏」の額（福岡市東区）

▼**高良別宮**　鷹尾《たかお》神社（福岡県柳川《やながわ》市大和町《やまとまち》）。高良大社《たいしゃ》（久留米《くるめ》市）と本末関係にあった。

▼**天野社**　高野山の地主神、丹生比売《にゅうひめ》神社（和歌山県伊都郡かつらぎ町）。

島社に発給した。寺社の祈禱への動員は幕府の根幹にかかわるものだった。社領安堵も祈禱の恩賞《おんしょう》として重要だった。一二八一年、筑後《ちくご》国高良別宮《こうらべつぐう》▲の神官《しんかん》たちは「高良社は蒙古襲来にあたって、恒例・臨時の神事をつとめてきた。たとえ、先例がないといっても、免田《めんでん》を仏や神に寄進するのは政道の務めである」と所領を要求した。御家人の要求とも同質のもので、前例のない対外戦争は国内に没収地などがなかったため、あらたな対応が求められていた。宇佐宮《うさぐう》・宇《う》美《み》宮などに祈禱の恩賞として所領の寄進は行ったが、のちの神領興行法《しんりょうこうぎょうほう》のような民間に移った神領を取り戻す政策はいまだみられない。

泰盛と弘安新式目

一二八四（弘安七）四月時宗が没すると同時に、評定衆一五人のうち引付頭人の泰盛・名越《なごえ》公時・北条時基《ときもと》ら一〇人、引付衆も一五人のうち北条宗房《むねふさ》ら六人が出家した。泰盛は五月に五番引付頭人をやめ、嫡子宗景が補任された。七月七日に貞時が執権に就任するころまで奇妙な事件が頻発する。

閏四月に高野山の膝元の天野社《あまのしゃ》▲で烏《からす》が飛び去り、三谷《みたに》の丹生酒殿《にうさかどの》神社の扉が開くと神馬《しんめ》が鈴の音をならして西に向かって去る奇瑞《きずい》があった。高野山では七日間にわたる祈禱が行われ、祈禱の報告書の巻数は宗景に届けられた。巻数は通例は執権に届けられる。宗景は執権に相当する役割を果たしていた。一方、引付頭人の宣時が属する時房《ときふさ》流でも奇怪な事件があった。六月には六波羅探題の時国《ときくに》が罷免されて常陸《ひたち》国に押し込められ、十月に誅殺された。「悪行《あくぎょう》」が原因とも伝えられ丹波《たんば》国の守護職《しゅごしき》も没収された。八月には同族の北条時光《ときみつ》が陰謀を理由に土佐《とさ》国に配流《はいる》された。時房流では佐介《さすけ》流が没落し、宣時の大仏《おさらぎ》流がその主軸となった。執権不在のこの時期、幕府の公式文書の関東御教書は連署業時の単独署判で発給された。業時は執権の代行者であった。一方、寄合衆《よりあいしゅう》の構成は不明だが、貞時の乳母夫《めのと》平頼綱と義父泰盛が中心だったと想像される。

　五月二十日に「新式目《しんしきもく》」三八カ条が発布された。この式目は、寄合に提出された政務方針を示したものと解釈され、前半の一八条と後半の二〇条に分かれる。前半は得宗のあるべき姿を提示している。寺社の興行、学問・武道の鍛練、得宗邸に伺候《しこう》する人びとの礼儀・作法の遵守《じゅんしゅ》や在京人や四方発遣人《しほうはっけんにん》からの過分の贈物の受取り禁止、裁判などにあたって得宗に仕える人びとが奉行人に介入することの禁止などを示した。得宗被官の公領域への介入を防ぐ意図が明確である。後半は将軍に関する事項からなる。内容は当面の政務方針と将軍御所の行事などの事項からなる。国分寺《こくぶんじ》・一宮《いちのみや》の興行とともに、蒙古襲来の事後対策として九州の神社領を神社と関わりない人びとが売買することを停止し、蒙古襲来に参じた名主《みょうしゅ》に下文《くだしぶみ》を発給することを示した。この政策は鎮西《ちんぜい》特殊合議機関の設置に連動していく。御所の行事では、正月の埦飯《おうばん》は三日かぎり、評定始・的始《まとはじめ》の装束の簡素化など、倹約の励行が求められた。

式目の主眼は将軍権力の発揚と得宗の地位を守る姿勢が明確で、本所一円地住人を基盤に組み込む立場に立っていた。新式目は得宗・将軍それぞれの内容がかみあっており、泰盛の政治姿勢を明示したものといえる。

神領興行法と名主職安堵令

新式目の発布後、あらたな政策が矢継ぎ早に発せられた。悪党に関しては、非御家人・凡下《ぼんげ》は六波羅探題の協議で罪の軽重を判断するとし、その権限を強化した。将軍家直轄領の関東御領《かんとうごりょう》▲では、悪党の捕縛を守護に任せて限定つき

▼**関東御領**　将軍家が本家・領家となっている所領。その支配にあたっては幕府政所《まんどころ》がこれを統括した。

ながら本所一円地への守護の介入を認め、関東御領を知行《ちぎょう》する非御家人・凡下の実態の調査を命じた。また、御家人の所領で他人に売却・譲渡された分は、買主や譲渡された者が本主の分の公事を負担することとした。御家人の所領をもつ者を役の面で幕府に組み入れるものだった。

六月には鎮西の神社を対象に神領興行法を発した。明石行宗《あかしゆきむね》・長田教経《ながたのりつね》・兵《ひょう》庫助三郎《ごのすけさぶろう》政行《まさゆき》の三人の「徳政使《とくせいし》」を九州に下向させ、守護の大友頼泰《よりやす》・安達盛宗・少弐経資《つねすけ》とそれぞれ組み合わせて鎮西特殊合議機関を設置した。眼目は、神領を質入れなどで獲得した一般の人びとから神社が取り戻すことにあった。その際、現知行者が公家《くげ》側か鎌倉側かなどをみきわめることが求められた。また、九月には鎮西名主職安堵令が明石行宗らに伝えられた。御家人役をつとめた守護などの証明書があることが名主職の安堵の条件とされ、公文《くもん》・田所《たどころ》職などの荘官《しょうかん》は名主職と同格と位置づけ、御家人は鎮西特殊合議機関が直接に審査、在国の名主らは守護が審査した。鎮西の本所一円地の住人を積極的に御家人に編成するものだった。文書を発給した「尚時」は、泰盛が五番引付頭人だったときの担当奉行人とみえ、当該期の五番引付は泰盛から宗景にかわっており、

▼**永仁の徳政令**　一二九七(永仁五)年に幕府が発布した徳政令。御家人の所領のうち質流れや売却分は無償で本主に戻るとした。御家人に有利な法令だが、御家人領以外にも幅広い影響をあたえた。

泰盛の意に従っての令達だった。

明石ら三人は十一月に博多に下向し、翌年正月には調査を開始したが、九月には鎌倉に召還された。この時期までに、幕府では鎮西特殊合議機関の停止を決めていた。九月段階で泰盛らの改革は頓挫しつつあった。泰盛らが滅びた霜《しも》月《つき》騒動後の一二八六(弘安九)年二月には、神領に戻った所領を旧来の領主に戻し、以前のように領主は神役を負担せよとする法令が発布された。泰盛の弘安改革の否定に転じた。この間、幕府は、売買地は代銭を返却しなくても売主に戻る「新式目」も発布した。この法令は永仁《えいにん》の徳政令《とくせいれい》▲の先駆けのような法令だが、醍醐寺文書《だいごじもんじょ》に残る売券《ばいけん》にその徴証があるものの、法文は現在に伝わっていない。貞時が相模守・左馬権頭《さまのごんのかみ》に就いた一二八五(弘安八)年四月以降の法令はまったく伝来しておらず、霜月騒動後の勝利者によって消された法令だった。

霜月騒動前夜

一二八四(弘安七)年八月、鶴岡八幡宮をはじめとする関東の有力寺社の訴訟や寄進された社領の問題は引付に割り振られ、訴訟手続きも引付頭人の責任を明確化し、権門《けんもん》からの口入れなどの介入を規制していった。一方、安堵は訴訟審理と区別し、安堵奉行が訴状の内容に即していち早く下文を発給することとしたが、十月には安堵下文の発給はそれぞれの事案に対応した理非に基づく判断とし、二カ月で現実対応の姿勢に変じた。泰盛の即決主義に対し現実的処理を主張する反対勢力があった。さきにみた売買地が売主に戻る徳政令▲も、法令が消されていることからみて、徳政令を否定する勢力があった。神領興行法は伊勢神宮の神領の相論などで公家側にも大きな影響をあたえた。京都側に深く踏み込む泰盛側に対し、霜月騒動の翌年には神領興行法も停止された。否定する勢力は霜月騒動の勝利者側とみてよかろう。

　貞時は、一二八五(弘安八)年正月、鎌倉の屋地《やち》の給付を袖判《そではん》の書下《かきくだし》で安堵し、二月、異国降伏の祈禱報告の巻数を届けるよう得宗家の奉行人奉書を発給した。貞時の自立は、四月、鶴岡八幡宮などの鎌倉の供僧《ぐそう》の相論は引付で審査したのちに奉行人が「御寄合」に上申するとする法令が発布された点にも明確で、寄合は公的制度として認識される事態となった。一方、前年五月に発布した百姓《ひゃくしょう》の負債は領主・代官《だいかん》の署判がない場合は督促できないとする百姓保護政策も四月

▼**徳政令**　「徳政」は本来は災厄を除く仁政《じんせい》をさした。鎌倉期には仏神事や公正な訴訟の興行をさすようになり、この時期ごろからは売却地の無償取戻しなどがその中心となっていった。

に破棄された。弘安改革は後退局面にはいっていた。

このころ、鹿島社の相論では九月に訴訟への出廷をうながす命令が北条顕時から発給された。文書は将軍の意思を奉じた御教書。前年八月の寺社の引付編成では鹿島社は三番、顕時は一二八四年には四番引付頭人で三番頭人は時基《ときもと》だった。前年の法令に準拠すると、このとき、顕時は三番引付頭人だろう。霜月騒動の発生する一二八五年に引付頭人の再編があり、顕時は地位を上昇させていた。頭人で霜月騒動で罹災するのは安達宗景と顕時。騒動後に地位を上昇させるのが宣時。頼綱・宣時と泰盛・宗景・顕時は競争状態にあった。

南北朝《なんぼくちょう》期の『保暦間記《ほうりゃくかんき》』は、四月以降に泰盛と内管領《うちかんれい》平頼綱が対立し、宗景は源氏《げんじ》を称して将軍になろうと企てたとして霜月騒動の原因としている。九月には博多にいた「徳政使」も帰還する。寄合を主導する平頼綱と評定会議に影響力をもつ泰盛の対立は抜き差しならないものとなっていた。

霜月騒動と弘安改革の評価

平頼綱は、一二八五(弘安八)年十一月四日、日光山別当《にっこうさんべっとう》の源恵《げんえ》に依頼して泰盛誅討《ちゅうとう》の祈禱を行った。霜月騒動の二週間前にあたる。十一月十七日の泰盛与党の誅殺のための兵員動員と分担が決められていたはずだ。当日、泰盛らは気配を感ずることもできなかった。泰盛は松谷《まつがやつ》の別荘から世間が騒がしくなったことに気づいて塔ノ辻《とうのつじ》の出仕用の屋形《やかた》にでかけ、やがて殺害された。襲撃の被害は甚大で泰盛一族のほか五〇〇人余りが自害し、泰盛の影響の強い武蔵《むさし》・上野《こうずけ》などでの罹災者も多く、武蔵では武藤《むとう》氏、遠江《とおとうみ》では安達宗顕《むねあき》、常陸では安達重景《しげかげ》、信濃《しなの》では小笠原一族の伴野彦二郎《とものひこじろう》らが自害した。

罹災者は、安達泰盛・宗景らの安達氏一族、泰盛の母の実家の小笠原一族、足利《あしかが》氏一族の吉良満氏《きらみつうじ》、三浦《みうら》・武藤・伊東《いとう》・小早川・天野・小田《おだ》・二階堂氏など古くからの御家人に多くの自害者をだした。北条氏一族では、妻が安達氏だった顕時が下総《しもうさ》に籠居《ろうきょ》した。小規模武士団では、武蔵国の片山《かたやま》・河原《かわはら》氏、相模国の中島《なかじま》氏や伊豆《いず》国の鈴木《すずき》氏などがあった。多くの有力者が一気に討死・自害に追い込まれた。秘密裏に入念に練られた襲撃が完璧に実行された。合戦は鎌倉近郊にとどまらず、尾張国では足助《あすけ》・殖田《うえだ》氏、美作《みまさか》・播磨《はりま》国でも安達氏一門が襲撃された。九州では筑前岩門《ちくぜんいわと》合戦▲で、少弐経資の軍勢と弟の景資《かげすけ》に肥後《ひご》国

▼**岩門合戦**　一二八五(弘安八)年、筑前守護少弐氏が分裂して同国岩門(現、福岡県筑紫《ちくし》郡那珂川《なかがわ》町)で起きた合戦。少弐景資・安達盛宗は少弐経資に敗れ、九州での北条氏の影響力がいっそう強まった。

守護代安達盛宗の軍勢が衝突し景資・盛宗が敗死した。

霜月騒動の討手方《うってかた》は、佐々木《ささき》氏一族の朽木《くつぎ》氏を除くと武蔵七党《むさししちとう》▲などの小規模の武士がめだつ。討手方は惣領制《そうりょうせい》がいきづまるなかで零細化した御家人で、得宗方に組み込まれていた。本来、泰盛の弘安改革が救済の対象とした零細御家人は得宗方の実働部隊の主力となっていた。岩門合戦でも景資・盛宗方は、筑前国が水城《みずき》氏に箱崎社《はこざきしゃ》の執行《しぎょう》成直《しげなお》、豊前《ぶぜん》国が高並《たかなみ》氏で、そのほか金田《かねだ》・永《なが》利《とし》・筧《かけい》氏らがいるが、泰盛から恩賞拝領を受けた竹崎季長はみえない。それはおろか、安達氏が守護だった肥後国御家人はほとんどみえない。

幕府の基盤を広げ武家《ぶけ》政権にあらたな翼を広げようとした泰盛の弘安改革は、その意図とは異なって違和感を残し、救済対象とした勢力は得宗勢力の純化をはかる現実対応型の平頼綱らに組織化され武力行使の先兵となった。御家人制の幅を広げる武家政権を志向した急進的な改革は頓挫した。その後、得宗を中心に寄合衆が主導する幕府は崩壊するが、弘安改革の精神はながくその影響を残す。泰盛の改革の意義はそこにあるといってよい。

▼**武蔵七党**　武蔵国の児玉《こだま》・横《よこ》山《やま》・猪俣《いのまた》・丹氏《たんし》などの比較的小規模な同族的武士団の総称。

時宗・泰盛政権の課題と遺産

　北条時宗と安達泰盛の時代は、鎌倉幕府《かまくらばくふ》の政治体制が執権《しっけん》政治の段階から得《とく》宗《そう》専制の段階に移行する時期にあたる。大きな問題は、時宗の晩年の政務形態とその死去後に泰盛が主導した弘安《こうあん》改革だろう。霜月《しもつき》騒動で頓挫したかにみえる改革の方針は、その後の神領興行法《しんりょうこうぎょうほう》や永仁《えいにん》の徳政令《とくせいれい》などに引き継がれ、本所《ほんじょ》一円地住人を基盤におく方針は建武《けんむ》政権・室《むろ》町《まち》幕府へと連なっていく。

　武家政権論の立場に立てば弘安改革は転換点にあたる。泰盛と平頼綱《たいらのよりつな》らの対立は御家人《ごけにん》勢力と得宗御内人《みうちびと》の対立が基調となるが、零細化した御家人の救済やその組織化、武家《ぶけ》領の保全などは共通する課題だった。

一方、泰盛自身のなかに将軍権力の代弁者と得宗の護持者という二面性が内包され、北条氏には執権の地位を越えて将軍となれないという越えられない壁があった。得宗専制が深化するなか、御家人制を拡充し将軍の壁を越えることは必須命題だったはずである。

この問題はその後の幕府・御家人の内部に深く伏在していったとみられ、倒幕と室町幕府を生む素地となったといってよかろう。

年)
村井章介「安達泰盛の政治的立場」『中世の国家と在地社会』校倉書房, 2005年(初出は1988年)
村井章介『北条時宗と蒙古襲来』日本放送出版協会, 2001年
百瀬今朝雄「北条(金沢)顕時寄進状・同書状案について」『弘安書札礼の研究―中世公家社会における家格の桎梏―』東京大学出版会, 2000年
森幸夫『六波羅探題の研究』続群書類従完成会, 2005年
森平雅彦「牒と諮のあいだ」『史淵』144, 2007年

写真所蔵・提供者一覧(敬称略, 五十音順)
井筒信隆　p. 83
円覚寺　p. 74
宮内庁三の丸尚蔵館　扉, p. 50, 51, 78, 79
建長寺・鎌倉国宝館　p. 72
佐藤英世　p. 84
清浄光寺　カバー表
東京国立博物館・Image: TNM Image Archives　カバー裏, p. 15

参考文献

相田二郎『蒙古襲来の研究』吉川弘文館, 1958年
網野善彦『蒙古襲来』小学館, 1974年
石井進「『竹崎季長絵詞』の成立」『日本歴史』273号, 1971年
伊藤一美校注『建治三年記　注釈』文献出版, 1999年
井原今朝男「小笠原遠光・長清一門による将軍家菩提供養」『金沢文庫研究』320, 2008年
入間田宣夫「もうひとつの御恩と奉公」『中世武士団の自己認識』三弥井選書, 1998年
上横手雅敬「六波羅探題の成立」『鎌倉時代政治史研究』吉川弘文館, 1991年
上横手雅敬「弘安の神領興行令をめぐって」『鎌倉時代政治史研究』吉川弘文館, 1991年
小川靖彦「仙覚書状〈金沢文庫旧蔵蓬左文庫『斉民要術』紙背文書〉について」『萬葉学史の研究』おうふう, 2007年
小此木輝之「安達氏の信仰と上野国真言宗寺院」『中世寺院と関東武士』青史出版, 2002年
海津一朗『中世の変革と徳政―神領興行法の研究―』吉川弘文館, 1994年
笠松宏至『徳政令』岩波書店, 1983年
笠松宏至「中世の安堵」『日本の社会史』４, 岩波書店, 1986年
川添昭二「日蓮遺文にみる北条氏」『日蓮とその時代』山喜房佛書林, 1999年
川添昭二『北条時宗』吉川弘文館, 2001年
川添昭二『歴史に生きる日蓮』山喜房佛書林, 2008年
五味文彦「執事・執権・得宗―堵と理非―」『中世の人と政治』吉川弘文館, 1988年
五味文彦『「吾妻鏡」の方法　事実と神話にみる中世』吉川弘文館, 1989年
五味克夫「鎌倉御家人の番役勤仕について」『史学雑誌』63－９・10, 1954年
佐伯弘次『日本の中世９　モンゴル襲来の衝撃』中央公論新社, 2003年
佐藤進一『増訂 鎌倉幕府守護制度の研究』東京大学出版会, 1971年
佐藤進一『日本の中世国家』岩波書店, 1983年
多賀宗隼「秋田城介安達泰盛」『論集 中世文化史』上, 法蔵館, 1985年（初出は1940年）
高木豊『日蓮とその門弟』弘文堂, 1965年
高橋慎一朗「鎌倉甘縄に見る武家地と寺院」『中世の都市と武士』吉川弘文館, 1996年
高橋典幸『鎌倉幕府軍制と御家人』吉川弘文館, 2008年
張東翼「1269年『大蒙古国』中書省の牒と日本側の対応」『史学雑誌』114－８, 2005年
福島金治『安達泰盛と鎌倉幕府――霜月騒動とその周辺』有隣堂, 2006年
福田豊彦「『六条八幡宮造営注文』と鎌倉幕府の御家人制」『中世成立期の軍制と内乱』吉川弘文館, 1995年（初出は1993年）
北条氏研究会編『北条時宗の時代』八木書店, 2008年
細川重男『鎌倉政権得宗専制論』吉川弘文館, 2000年
細川重男『鎌倉北条氏の神話と歴史―権威と権力―』日本史史料研究会, 2007年
松川節「大元ウルス命令文の書式」『待兼山論叢』史学編29, 1995年
村井章介「執権政治の変質」『中世の国家と在地社会』校倉書房, 2005年（初出は1984

安達泰盛とその時代

西暦	年号	齢	おもな事項
1218	建保6		*3-* 泰盛の祖父景盛，秋田城介に補任
1219	承久元		*1-28* 景盛，将軍実朝の死去後に出家。のち，高野山にはいる
1231	寛喜3	1	この年，泰盛，誕生。母は小笠原時長の娘
1237	嘉禎3	7	*11-29* 泰盛の父義景，秋田城介に補任
1242	仁治3	12	*1-* 義景，後嵯峨天皇擁立のため京都に派遣される
1244	寛元2	14	*6-* 泰盛，京都大番役勤仕の上野国番頭をつとめる
1246	4	16	*3-23* 時頼，執権に就く。*5-* 時頼，将軍藤原頼経や名越光時を追放(宮騒動)。この間，義景は時頼主催の寄合に政村・実時とともに参加した
1247	宝治元	17	*6-5* 時頼，安達景盛とはかって三浦泰村一族を滅ぼす。泰盛，初陣(宝治合戦)
1248	2	18	*5-28* 景盛，高野山で没。*9-22* 泰盛，幕府の番帳・御文書の清書役となる
1249	建長元	19	*12-13* 引付衆を設置する
1252	4	22	*7-4* 義景娘・堀内殿(のちの時宗の妻)誕生
1253	5	23	*6-3* 義景，没(44歳)。*12-* 泰盛，引付衆となる
1254	6	24	*12-* 泰盛，秋田城介に補任
1256	康元元	26	*4-* 泰盛，引付頭人。*6-23* 評定衆に補任
1257	正嘉元	27	*2-26* 泰盛，時宗の元服で烏帽子を持参する役をつとめる
1261	弘長元	31	*4-23* 泰盛の養女堀内殿(泰盛妹)，時宗と結婚
1264	文永元	34	*10-25* 泰盛，実時とともに越訴奉行に就く
1266	3	36	*6-20* 泰盛，時宗ら宗尊親王排除の寄合に加わる
1271	8	41	*12-12* 貞時誕生。泰盛，得宗の嫡子の外祖父となる
1275	建治元	45	*11-1* 泰盛，竹崎季長に蒙古合戦恩賞の下文をあたえる
1277	3	47	*12-19* 時宗，泰盛らと六波羅政務条々を定める
1279	弘安2	49	*10-1* 日蓮，泰盛と平頼綱がともに大勢力であると記す
1281	4	51	*2-* 嫡子宗景，泰盛の佳例に準じて引付衆に補任
1282	5	52	*2-* 宗景，評定衆に加わる。*7-14* 泰盛，陸奥守に補任。*10-16* 宗景，秋田城介に補任
1284	7	54	*4-* 時宗の死去により，泰盛ら出家。法名覚真。*5-* 宗景，引付頭人となる。*5-20* 泰盛ら「新式目」を発布。*6-25* 鎮西神領興行法を発布。*7-7* 貞時，執権就任。*9-10* 鎮西名主職安堵令を実務者に公布
1285	8	55	*4-18* 貞時，相模守に補任。*11-17* 泰盛ら，平頼綱らによって討たれる(霜月騒動)。筑前では武藤氏一門が分裂して岩門合戦が発生し，安達盛宗・少弐景資敗死する
1293	永仁元		*4-22* 平頼綱，貞時によって討たれる
1317	文保元		*11-* 安達時顕，父宗顕の三十三回忌供養を営む

北条時宗とその時代

西暦	年号	齢	お　も　な　事　項
1251	建長3	1	*5-15* 時宗，松下禅尼亭で誕生。幼名正寿。母は重時の娘
1252	4	2	*4-1* 宗尊親王，将軍となる。*4-3* 前将軍藤原頼嗣，帰京
1256	康元元	6	*3-11* 連署重時，辞任。後任に政村。*11-22* 時頼，執権を退き，翌日出家。時宗，家督を継承し，長時，執権に就く
1257	正嘉元	7	*2-26* 時宗，宗尊親王の下で元服。泰盛，烏帽子持参の役
1260	文応元	10	*2-* 時宗，小侍所別当となる。もう一人の別当は実時
1261	弘長元	11	*4-23* 時宗，安達泰盛の養女堀内殿(泰盛妹)と結婚。*11-3* 重時，没。*12-22* 時宗，左馬権頭に補任
1263	3	13	*11-22* 父時頼，没(37歳)
1264	文永元	14	*8-11* 政村，執権。時宗，連署に就く。*8-21* 前執権長時，没。*10-9* 舎兄時輔，六波羅探題南方として上洛
1265	2	15	*3-23* 時宗，相模守に補任
1266	3	16	*6-20* 時宗，政村・実時・泰盛と深秘の沙汰を行う。*7-20* 将軍宗尊親王，帰京。*7-24* 惟康，将軍となる
1268	5	18	*3-5* 時宗，執権就任。政村，連署に移る
1271	8	21	*12-12* 嫡子貞時，誕生
1272	9	22	*2-11* 鎌倉で名越時章・教時，*2-15* 京都で六波羅探題南方時輔を殺害する(二月騒動)
1273	10	23	*5-27* 連署政村，没
1274	11	24	*10-* モンゴル，北部九州を襲撃するも，撤退(文永の役)。*11-* 安芸国守護武田信時に，モンゴル撃退のため地頭御家人のみならず本所一円地の住人の指揮権をあたえる
1275	建治元	25	*11-* 実時の息実政，異国征伐の大将として九州に下向。*12-* 明年3月の高麗遠征計画を発表して準備を命じる
1276	2	26	*10-23* 実時，金沢別業で没する
1277	3	27	*4-4* 連署塩田義政，出家し，*5-28* 遁世して信濃善光寺に赴く。*12-2* 嫡子貞時，元服(7歳)
1278	弘安元	28	*7-24* 建長寺の蘭渓道隆，没。*12-23* 時宗，無及徳詮らに渡宋して禅僧を招来することを求める
1279	2	29	*2-6* 南宋，滅亡。*7-29* 元使牒状を進めるも斬られる。*8-20* 来日した無学祖元を建長寺住持職とする
1281	4	31	*4-16* 頼助に異国降伏の祈禱を命じる。*6-6* モンゴル，博多などにふたたび来襲する。閏*7-1* モンゴルの軍船，大風雨により肥前鷹島沖で多くが沈没する(弘安の役)
1282	5	32	*12-8* 円覚寺を建立，無学祖元を開山とする
1283	6	33	*7-18* 円覚寺を将軍家祈禱所とする
1284	7	34	*4-4* 時宗，死去

福島金治(ふくしま　かねはる)
1953年生まれ
九州大学大学院博士後期課程中途退学
専攻，日本中世史
現在，愛知学院大学客員教授
主要著書
『戦国大名島津氏の領国形成』(吉川弘文館1988)
『金沢北条氏と称名寺』(吉川弘文館1997)
『安達泰盛と霜月騒動』(有隣堂2006)
『九州・琉球の戦国史―戦いの国から安全の国へ―』
(ミネルヴァ書房2023)

日本史リブレット人 034
北条時宗《ほうじょうときむね》と安達泰盛《あだちやすもり》
新しい幕府への胎動と抵抗

2010年９月20日　１版１刷　発行
2025年２月25日　１版３刷　発行

著者：福島金治《ふくしまかねはる》

発行者：野澤武史

発行所：株式会社 山川出版社

〒101－0047　東京都千代田区内神田１－13－13
電話 03(3293)8131(営業)
03(3293)8135(編集)
https://www.yamakawa.co.jp/

印刷所：信毎書籍印刷株式会社

製本所：株式会社 ブロケード

装幀：菊地信義

ISBN 978-4-634-54834-3

日本史リブレット 人

1 卑弥呼と台与——仁藤敦史
2 倭の五王——森　公章
3 蘇我大臣家——佐藤長門
4 聖徳太子——大平　聡
5 天智天皇——須原祥二
6 天武天皇と持統天皇——義江明子
7 聖武天皇——寺崎保広
8 行基——鈴木景二
9 藤原不比等——坂上康俊
10 大伴家持——鐘江宏之
11 桓武天皇——西本昌弘
12 空海——曾根正人
13 円仁と円珍——平野卓治
14 菅原道真——大隅清陽
15 藤原良房——今　正秀
16 宇多天皇と醍醐天皇——川尻秋生
17 平将門と藤原純友——下向井龍彦
18 空也と源信——岡野浩二
19 藤原道長——大津　透
20 清少納言と紫式部——丸山裕美子
21 後三条天皇——美川　圭
22 源義家——野口　実
23 奥州藤原三代——斉藤利男
24 後白河上皇——遠藤基郎
25 平清盛——上杉和彦
26 源頼朝——高橋典幸
27 重源と栄西——久野修義
28 法然——平　雅行
29 北条時政と北条政子——関　幸彦
30 藤原定家——五味文彦
31 後鳥羽上皇——杉橋隆夫
32 北条泰時——三田武繁
33 日蓮と一遍——佐々木馨
34 北条時宗と安達泰盛——福島金治
35 北条高時と金沢貞顕——永井　晋
36 足利尊氏と足利直義——山家浩樹
37 後醍醐天皇——本郷和人
38 北畠親房と今川了俊——近藤成一
39 足利義満——伊藤喜良
40 足利義政と日野富子——田端泰子
41 蓮如——神田千里
42 北条早雲——池上裕子
43 武田信玄と毛利元就——鴨川達夫
44 フランシスコ＝ザビエル——浅見雅一
45 織田信長——藤田達生
46 徳川家康——藤井讓治
47 後水尾院と東福門院——山口和夫
48 徳川光圀——鈴木暎一
49 徳川綱吉——福田千鶴
50 渋川春海——林　淳
51 徳川吉宗——大石　学
52 田沼意次——深谷克己
53 遠山景元——藤田　覚
54 酒井抱一——玉蟲敏子
55 葛飾北斎——大久保純一
56 塙保己一——高埜利彦
57 伊能忠敬——星埜由尚
58 近藤重蔵と近藤富蔵——谷本晃久
59 二宮尊徳——舟橋明宏
60 平田篤胤と佐藤信淵——小野　将
61 大原幽学と飯岡助五郎——高橋　敏
62 ケンペルとシーボルト——松井洋子
63 小林一茶——青木美智男
64 鶴屋南北——諏訪春雄
65 中山みき——小澤　浩
66 勝小吉と勝海舟——大口勇次郎
67 坂本龍馬——井上　勲
68 土方歳三と榎本武揚——宮地正人
69 徳川慶喜——松尾正人
70 木戸孝允——一坂太郎
71 西郷隆盛——德永和喜
72 大久保利通——佐々木克
73 明治天皇と昭憲皇太后——佐々木隆
74 岩倉具視——坂本一登
75 後藤象二郎——村瀬信一
76 福澤諭吉と大隈重信——池田勇太
77 伊藤博文と山県有朋——西川　誠
78 井上馨——神山恒雄
79 河野広中と田中正造——田崎公司
80 尚泰——川畑　恵
81 森有礼と内村鑑三——狐塚裕子
82 重野安繹と久米邦武——松沢裕作
83 徳富蘇峰——中野目徹
84 岡倉天心と大川周明——塩出浩之
85 渋沢栄一——井上　潤
86 三野村利左衛門と益田孝——森田貴子
87 ボワソナード——池田眞朗
88 島地黙雷——山口輝臣
89 児玉源太郎——大澤博明
90 西園寺公望——永井　和
91 桂太郎と森鷗外——荒木康彦
92 高峰譲吉と豊田佐吉——鈴木　淳
93 平塚らいてう——差波亜紀子
94 原敬——季武嘉也
95 美濃部達吉と吉野作造——古川江里子
96 斎藤実——小林和幸
97 田中義一——加藤陽子
98 松岡洋右——田浦雅徳
99 溥儀——塚瀬　進
100 東条英機——古川隆久

〈白ヌキ数字は既刊〉